Erfolgreich präsentieren

Geographie Oberstufe

TERRA

Ernst Klett Verlag
Stuttgart · Leipzig

Inhalt

Präsentationsprüfung mit Kolloquium – mehr als nur eine lästige Pflicht

Bereits Wochen vor der mündlichen Abiturprüfung erreichen Nervosität und Stress bei Prüflingen – nach gerade überstandenem „Schriftlichen" – einen neuen Höhepunkt: Die Kolloquiumsprüfung steht bevor. Welche Themen soll ich vorschlagen? Mit welcher Problematik kann ich am meisten beeindrucken und die angestrebte Punktzahl am sichersten erreichen? Wie komme ich an das Material für die Präsentation? Wie strukturiere ich meinen Vortrag? Wie bekämpfe ich meine Nervosität? Wie überstehe ich nur diese Präsentationsprüfung mit dem anschließenden Kolloquium?

Fragen wie diese und auch der gesamte Stress vor der eigentlichen Prüfung sind völlig normal angesichts der ungewohnten Situation, am Ende der Schullaufbahn nicht nur vor den Mitschülern aus einem erworbenen Wissensvorsprung heraus zu referieren, sondern sich vor einem kleinen Gremium von Experten bewähren zu müssen. Die Pflicht, in einem eng begrenzten Zeitrahmen auf der Grundlage erworbener methodischer und fachlicher Kompetenzen ein selbst gewähltes Problemfeld fundiert zu erörtern, dabei auf die Minute fit bzw. konzentriert zu sein und doch nicht zu verkrampfen, wird von vielen Schülern als unangenehm, als lästig empfunden. Und doch ist die Kolloquiumsprüfung mit all den vorangehenden Übungen, Recherchen und Überlegungen eine unerlässliche Vorbereitung auf den beruflichen Werdegang nach Abschluss der Schulzeit.

Das fundierte Gestalten einer Präsentation bietet die Chance, die insbesondere in der Oberstufe des Gymnasiums erworbenen Prinzipien und Formen selbstständigen Lernens anzuwenden und zu vertiefen, um sich so auf die wachsenden Anforderungen von Hochschule und Berufsausbildung vorzubereiten. In nahezu allen von Abiturienten angestrebten Berufen wird heute eigenverantwortliches, reflektierendes Arbeiten genauso erwartet wie die Fähigkeit, sich benötigte Informationen rasch zu beschaffen, diese strukturiert in disziplinierter Zeitplanung aufzuarbeiten und schließlich auch anschaulich zu präsentieren. All das sind Kompetenzen, die Sie im Rahmen einer Präsentationsprüfung beweisen können.

Der vorliegende Band liefert Handreichungen und Tipps, dieser Herausforderung gerecht zu werden. Wenn Sie Ihre Kolloquiumsprüfung auf der Grundlage der angebotenen Hilfestellungen sorgfältig planen und engagiert vorbereiten, kann eigentlich kaum noch etwas schief gehen – Sie werden für Nervosität und Stress im Vorfeld entschädigt und das von Ihnen erwartete und erhoffte Ergebnis erreichen!

Zum Aufbau dieser „Handreichungen"

Die Vorbereitung auf eine Präsentationsprüfung beginnt im Grunde bereits in der Unter- und Mittelstufe mit der Gestaltung Ihrer ersten Referate. Das Kapitel 1 liefert hierzu Themenbeispiele und wichtige Anregungen.

Der Hauptteil des vorliegenden Heftes beschäftigt sich aber mit der Gestaltung einer Präsentation und eines Kolloquiums in der Oberstufe. Hierzu finden Sie im Kapitel 2 zunächst wichtige Hinweise zur Vorbereitung. Großes Kopfzerbrechen bereitet in der Regel die Auswahl des Prüfungsthemas mit einer fruchtbaren Problemstellung. Diese sollte sich in einem angemessenen Zeitrahmen auf der Grundlage eingeübter Recherchemethoden bearbeiten lassen. Auch zu diesem Komplex erhalten Sie im Kapitel 2 hilfreiche Tipps.

Sind die inhaltlichen Vorbereitungen abgeschlossen, gilt es für Sie, während der Präsentation nicht nur „eine gute Figur zu machen", sondern Ihre Problemstellung sowie Ihre Erkenntnisse vor der Prüfungskommission anschaulich und eindrucksvoll vorzustellen. Die Hinweise und Anregungen im vorliegenden Heft helfen Ihnen, diese schwierige Phase genauso erfolgreich anzupacken wie das abschließende Kolloquium. Einige Tipps zur traditionellen mündlichen Prüfung runden die Darstellung ab.

Im Anhang erhalten die Schülerinnen und Schüler von Baden-Württemberg einen Überblick über den vom Kultusministerium gesetzten rechtlichen Rahmen für die besondere Form der Präsentationsprüfung in diesem Bundesland. Dabei werden zu deren Durchführung grundlegende Fragen beantwortet, die Ihnen bei der Vorbereitung helfen sollen.

1 Auf dem Weg zur Präsentationsprüfung: Referate in der Unter- und Mittelstufe

Am Ende der Schulzeit im Gymnasium steht das Abitur, die Präsentationsprüfung ist das Ziel. Doch die Vorbereitung hierfür beginnt im Grunde bereits in der Unter- und Mittelstufe mit den ersten Referaten.

Mit dieser Leistung sollen die Schüler den Nachweis erbringen, dass sie fähig sind:

– sich in ein Thema einzuarbeiten
– wichtige von unwichtigen Informationen zu trennen
– ein Handout für die Mitschüler zu erstellen
– ihre Ergebnisse zu präsentieren

GFS (Gleichwertige Feststellung von Schülerleistungen) statt Referat

Im Schulsystem Baden-Württembergs stellt neben den herkömmlichen Referaten die Gleichwertige Feststellung von Schülerleistungen, kurz GFS, eine Art des Leistungsnachweises dar.

Anforderungen: In der Verordnung des Kultusministeriums über die Notenbildung vom 23. März 2004 ist in §9 festgelegt, in welcher Weise Klassenarbeiten durch gleichwertige Feststellungen von Schülerleistungen ersetzt werden. GFS beziehen sich insbesondere auf schriftliche Hausarbeiten, Projekte, darunter auch experimentelle Arbeiten im naturwissenschaftlichen Bereich, Referate, mündliche, gegebenenfalls auch außerhalb der stundenplanmäßigen Unterrichtszeit terminierte Prüfungen oder andere Präsentationen.

Die GFS soll das selbstständige Arbeiten, die Methoden- und Medienkompetenz der Schüler fördern. Der Schüler stellt ein im Voraus daheim vorbereitetes Thema vor und bringt es seinen Mitschülern näher.

Medien: Dabei wird oft die Nutzung von Medien vorausgesetzt, wie etwa die Präsentation mithilfe des Tageslichtprojektors oder Beamers, das Zeigen kurzer Filmausschnitte, die Erstellung von Plakaten und Tafelanschrieben.

Benotung: Nach Abschluss der GFS findet in der Regel die Benotung statt, wobei das Gesehene und Gehörte in der Klasse sachlich angesprochen und diskutiert wird. Die GFS wird gezählt wie eine schriftliche Klassenarbeit.

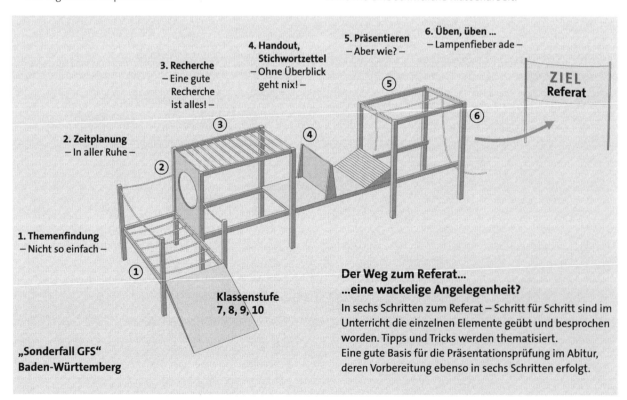

3. Recherche
– Eine gute Recherche ist alles! –

4. Handout, Stichwortzettel
– Ohne Überblick geht nix! –

5. Präsentieren
– Aber wie? –

6. Üben, üben ...
– Lampenfieber ade –

ZIEL
Referat

2. Zeitplanung
– In aller Ruhe –

1. Themenfindung
– Nicht so einfach –

Klassenstufe
7, 8, 9, 10

„Sonderfall GFS"
Baden-Württemberg

**Der Weg zum Referat...
...eine wackelige Angelegenheit?**

In sechs Schritten zum Referat – Schritt für Schritt sind im Unterricht die einzelnen Elemente geübt und besprochen worden. Tipps und Tricks werden thematisiert.
Eine gute Basis für die Präsentationsprüfung im Abitur, deren Vorbereitung ebenso in sechs Schritten erfolgt.

1.1 Was wird von Ihnen erwartet?

Ob Sie eine gute Note für Ihr Referat haben möchten? Na welche Frage! Doch so einfach ist das gar nicht, schließlich müssen die an Sie gestellten Erwartungen auch erfüllt werden.

Also gehen Sie Schritt für Schritt: Überlegen Sie, was genau von Ihnen erwartet wird. Ihr Geographielehrer wird gern behilflich sein, Ihnen aufzuzeigen, welche Kompetenzen Ihrem Referat zugrunde gelegt werden sollten und was von Ihnen erwartet wird.

Generell können Ihnen nachfolgende Aspekte helfen:
– Das zu behandelnde Thema steht im Mittelpunkt des Referats (vermeiden Sie Nebenkriegsschauplätze).
– Beziehen Sie auf jeden Fall geographische Arbeitsmittel ein (Wandkarte, Klimadiagramme, Satellitenbilder...). Aber: zeigen Sie sie nicht nur, sondern arbeiten Sie mit ihnen! Soll heißen: erklären Sie, was zu sehen ist, was die Legende bedeutet, warum genau das Diagramm gewählt wurde.
– Ein roter Faden ist für Ihr Referat unerlässlich – schließlich sollen Ihnen Ihre Zuhörer auch folgen können.
– Am Ende des Referats ist eine Zusammenfassung, ggf. auch Ihre eigene Meinung oder die Bewertung des Themas gefragt.

Schüler können am Ende von Klassenstufe 6:

- Basisinformationen aus Karten, Atlaskarten, Profilen, Diagrammen, Klimadiagrammen, einfachen Statistiken, Bildern, Modellen und Texten erfassen
- Einfache geographische Darstellungsmöglichkeiten selbst anfertigen
- Enfache (Modell-) Experimente durchführen, auswerten
- Einfache Kartierungen durchführen

- **Informationen sammeln / auswerten**
- Textbearbeitung: Texte markieren, Fragen an Texte stellen; Lesetechnik Schlüsselwörter
- Plakate, Collagen, Zeichnungen klar/sauber erstellen
- Darstellung von Befragungsergebnissen

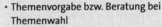

Forderungen an Geographie-Referat, Klasse 7/8

- Themenvorgabe bzw. Beratung bei Themenwahl
- 3-Teile-Gliederung
- Zeit: ~5-10 Minuten
- Literaturbereitstellung: Lehrer
- Übersichtliches Handout
- Vortrag nach Stichwortzettel
- Eher rezeptiver Vortrag
- Nutzung fachspezifischer Medien (Wandkarte, Atlas, Diagramm, Bild,...)
- Präsentation per Plakat, Folie

Schüler können am Ende von Klassenstufe 8:

- Klimadiagramme bzgl. Klimazonen vergleichen, interpretieren
- Kausalprofil, Fließschemata visualisieren/interpretieren
- Satellitenbilder auswerten
- Bevölkerungspyramiden / -statistiken interpretieren
- GIS-Darstellungen nutzen; thematische Karten interpretieren

- **Informationsbeschaffung**
- Wandzeitung, Projektmappe erstellen, Ausstellung gestalten
- Textbearbeitung: Schemata aus Sachtexten entwickeln, Sachtexte in Tabellen umformen
- Diagramme/Grafiken herstellen, verstehen, verbalisieren
- Mit Karikaturen umgehen
- Lehrbuch als Informationsquelle nutzen, Glossar nutzen
- Fachsprache anwenden
- Kommunikation: Präsentation von Arbeitsergebnissen
- Eigene Meinung sachlich begründen, erörtern
- Einsatz von Folien, Referate halten
- Arbeitsabläufe planen

Forderungen an Geographie-Referat, Klasse 9/10

- Eigene Themenwahl (Lehrer ist beratend tätig)
- 3-Teile-Gliederung
- Zeit: 10-15 Minuten (Zeitmanagement)
- Angeleitete Recherche
- Übersichtliches Handout
- Freier Vortrag nach Stichwortzettel o.ä.
- Einbringen eigener Gedanken
- Nutzung fachspezifischer Medien (Wandkarte, Atlas, Diagramm, Bild,...)
- Präsentation per Plakat, Folie
- Präsentation per Folie, Beamer, Wandzeitung, Ausstellung etc.

 Fachspezifische geographische Arbeitsweisen

 Allgemein behandelte Schwerpunkte in den jeweiligen Klassenstufen

Anforderungen an ein Referat am Beispiel der Geographie-Standards in Baden-Württemberg

Präsentation

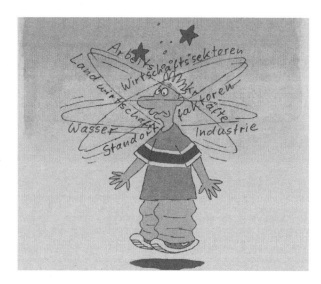

1.2 Welches Thema eignet sich?

Die Themen in der Geographie sind breit gefächert. Vieles ist einfach interessant – doch eignet es sich auch für ein Referat? Und wie sollte es formuliert sein, damit Sie in der vorgegebenen Zeit auch leisten können, was das Thema verspricht? Fragen über Fragen.

Tipps zur Themenwahl ...
1. Bildungsplan – natürlich sollte das Thema zum Unterrichtsstoff Ihrer Klassenstufe passen; hier hilft der Geographielehrer oder ein Blick ins Schulbuch.
2. Spannung ist besser als Langeweile; interessant sollte das Thema sein – nicht nur, aber auch für den Referenten selbst.
3. Formulierung – die Formulierung des Themas entscheidet oft über Gelingen oder Nichtgelingen des Referates. Also: Entscheidung für ein Thema und dann das Thema formulieren: Als Faustregel gilt:

– konkret, statt allgemein
Statt: Was ist ein Global Player?
Was macht SAP zum Gobal Player?

Statt: Migrationserscheinungen in Europa
Migration – Afrikanische Flüchtlinge auf dem Weg nach Spanien – und dann?

– spannende Frage statt farblose Aussage:
Statt: Die Entstehung der Jahreszeiten
Wir sagen: Die Sonne geht auf, die Sonne geht unter. Stimmt denn das?
Statt: Unterschiedliche Lebensbedingungen von Kindern
Was ist aus Francis, Ha Le und Paula geworden? – Unterschiedliche Lebensbedingungen

– Provokation, statt Langeweile
Statt: Bevölkerungspolitik in China
China: Nur ein Kind – ist das die Lösung?

Mögliche Themenformulierungen

Klasse 7/8:
– Warum erfrieren die Inuit im Iglu eigentlich nicht?
– Warum macht billige Schokolade nicht satt?
– Ein neues Handy muss her! Was ist zu beachten?

Klasse 9/10:
– Sicherheitszäune inmitten der Stadt? Segregation in Sao Paulo
– Platten bewegen sich – doch welche Kräfte bewegen die Platten?
– Wie wird morgen das Wetter?

Beispiel Klasse 7
Warum erfrieren die Inuit im Iglu eigentlich nicht?
– Inhaltliche Eingrenzung:
Zu behandelnde Themen:
Iglubau, Eigenschaften von Eis, Zusammenhang zur Klimazone/Leben der Inuit

– Möglicher Aufbau des Referates (8–10 Minuten)
1. Einstieg:
Bild 1 Arktis, Klimadiagramm, Bild 2: Inuit vor Iglu
Thema – Fragestellung, Gliederung
2. Wie wird ein Iglu gebaut?
Zeichnung, Bild (~2 Minuten)
3. Warum hält der Iglu so warm?
Bauweise, Merkmal von Eis , (~2 Minuten)
4. Leben der Inuit im Iglu, (~2 Minuten)
5. Fazit, (~1 Minute)

Beispiel Klasse 8
Ein neues Handy muss her! Was ist zu beachten?
– Inhaltliche Eingrenzung:
Zu behandelnde Themen: Kaufvertrag (Schwerpunkt); Verbraucherschutz; Abgrenzung: Funktion von Werbung wird nicht behandelt – würde zu weit führen

– Möglicher Aufbau des Referates (10–12 Minuten)
1. Einstieg: Handywerbung zeigen
Thema und Gliederung, (~1 Minute)
2. Auswahlkriterien: Was soll mein Handy können? Wie teuer darf es sein..., (max. 2 Minuten)
3. Beim Kauf: Der Kaufvertrag – was ist zu beachten?
Vertrag auf Folie (~5 Minuten)
Begriffe: Geschäftsfähigkeit; Taschengeldparagraph
4. Zu Hause: Oh jeh! Das Handy funktioniert nicht! Welche Möglichkeiten habe ich als Verbraucher?
Begriff: Verbraucherschutz, Garantie (~2 Minuten)
5. Fazit: Neues Handy – Was ist zu beachten? (~1–2 Minuten)

2 Vorbereitung einer Präsentation in der Oberstufe

„Klawuttke – was wollten wir mit dem Bild noch mal sagen?"

„Was gute von schlechten Vorträgen trennt.
Was einen schlechten Vortrag ausmacht, wissen die meisten, gibt es doch allzu viele Beispiele dafür. Er beginnt mit einer minutenlangen Begrüßung, geht über in einen mit monotoner Stimme vorgetragenen Text, der mehr Informationen enthält, als die Zuhörer verdauen können, und endet mit einer Floskel wie ‚Danke für Ihre Aufmerksamkeit'. Solche Vorträge werden nicht unbedingt besser, wenn sie von einer ausgefeilten Computerpräsentation begleitet werden. Oft seien die inzwischen stark verbreiteten Powerpoint-Präsentationen selbst das Problem, sagt die Wiener Vortragstrainerin für Fach- und Führungskräfte Fleur Wöss. ‚Auf vielen Kongressen wird das Publikum stundenlang mit Powerpoint geprügelt', klagt sie. Ein Bild nach dem anderen ziehe an den Zuhörern vorbei, bis sich schließlich ‚die Lider über den ermüdeten Augen senken.' ...

Ob ein Redner das Interesse seiner Zuhörer findet, entscheidet sich oft in den ersten Minuten. ‚95 Prozent aller Vorträge haben langweilige Anfänge.' Sie begönnen mit ‚Ich freue mich, heute vor Ihnen zu sprechen' oder ‚Die erste Folie, bitte'. Anregender sei eine zum Thema passende persönliche Geschichte. Auch könne man versuchen, einen Bezug zum Ort der Veranstaltung, zur Zeit (was ist an diesem Tag vor zehn Jahren passiert) oder zu einem aktuellen Ereignis herzustellen. ‚Eine Zeitung in der Hand rüttelt auf.' Besondere Aufmerksamkeit verdient auch der Schluss. Er sollte das enthalten, was das Publikum mitnehmen soll. ‚Den Text fasst man so zusammen, dass die Leute denken: Das hat eine Bedeutung für mich.' "

Lisa Becker: Was gute von schlechten Vorträgen trennt. In: Frankfurter Allgemeine Zeitung vom 22.01.2005

Nach Ihren ersten Übungen beim Ausarbeiten und Vortragen von Referaten in der Unter- und Mittelstufe „wird es nun ernst": Es gilt, die gewonnenen Erfahrungen in der Oberstufe umzusetzen und Ihre Kompetenzen bei der Vorbereitung und Gestaltung von Präsentationen nicht nur zu festigen, sondern auch zu erweitern.

Die Karikatur oben und der Quellentext sprechen eine ganze Reihe von Fehlern an, die einen guten von einem schlechten Vortrag trennt. Damit es Ihnen gelingt, derartige Fehler zu vermeiden, erhalten Sie in diesem Kapitel wertvolle Hinweise für die Vorbereitung einer erfolgreichen Präsentation. Dabei geht es zunächst einmal darum, eine solche Präsentation sinnvoll und transparent zu strukturieren und fundiert vorzubereiten. Beim Vortrag selbst hilft die Beachtung bestimmter Grundregeln des Präsentierens und Visualisierens, um das mit viel Mühe und Aufwand zusammengestellte Referat dann auch wirkungsvoll und erfolgreich einer Zuhörerschaft, speziell einer Prüfungskommission, vorzustellen.

2.1 Themenfindung

Die Vorbereitung Ihrer Präsentation beginnt mit der Themenwahl. Dafür sollten Sie ausreichend Zeit einplanen.
Wie kann die Themenwahl gelingen?

Reflexartig werden Sie meistens versuchen, so viel wie möglich an Informationen zu einem Thema zu finden. Wenn Sie beispielsweise in der Suchmaschine Google den Begriff Globalisierung eingeben, werden Ihnen ungefähr 4 390 000

Einträge zu diesem Thema angezeigt. Selbst wenn Sie die Suche einschränken und gleichzeitig nach „Globalisierung" und „Deutschland" suchen, listet Ihnen Google immer noch 2 230 000 Treffer auf. Die Idee, die Themenfindung ausgehend von einem Begriff über die Materiallage vorzunehmen, ist also nur bedingt tauglich.

Hilfreicher ist es, wenn Sie sich der Methode des Mindmapping bedienen und eine Themenreflexion durchführen. Die einzelnen Schritte werden Ihnen in der unten abgebildeten Mindmap vorgestellt.

Weshalb wird diese Abfolge gewählt?

Für die eigene Motivation ist es wichtig, wenn Sie ein Interesse am Thema haben: „Inwieweit fühlen Sie sich selbst betroffen, in welche Richtung zielt also ihr Erkenntnisinteresse, was soll das Ergebnis der Arbeit sein, welches Ziel bzw. welche Absicht verfolgen Sie damit?"

Nehmen wir einmal an, Sie interessiert das Thema „Globalisierung".

Dieses Thema, formuliert z.B. als „Globalisierung – ein weltweiter Prozess", kann im schulischen Rahmen (begrenzte Zeit und maximale Informationsmenge) nicht erschöpfend in allen Aspekten untersucht werden. Als Verfasser einer Präsentation müssen Sie deshalb dieses Thema eingrenzen. Berücksichtigen Sie bei diesem Prozess insbesondere
– mögliche inhaltliche Schwerpunkte,
– den Zeitraum, der zur Bewältigung der Arbeit zur Verfügung steht,
– die Verfügbarkeit von Informationen und
– die Dauer Ihrer Präsentation.

Ist dieser Klärungsprozess abgeschlossen, sollte das Thema leicht verständlich und klar, aber auch „spannend" als Problemstellung oder Frage formuliert werden.

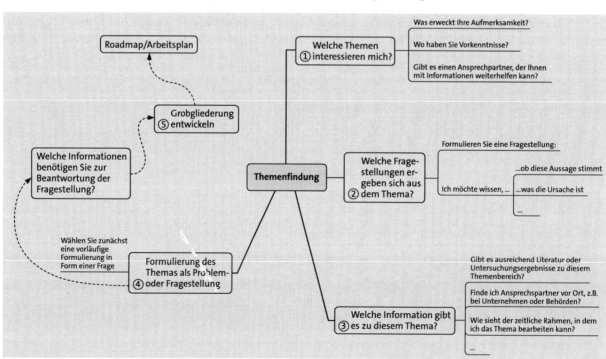

Beispiel: Themenfindung „Globalisierung"

1. Schritt Was erweckt meine Aufmerksamkeit? Was interessiert mich? Habe ich dazu Vorkenntnisse?	„Globalisierung" interessiert mich, weil ich – mir Gedanken um meinen späteren Arbeitsplatz mache – erfahren habe, dass ein Bekannter dadurch keine Arbeit mehr findet – gelesen habe, dass in Unternehmen dringend Arbeitskräfte sucht – nicht weiß, ob ich Vor- oder Nachteile davon habe – ...
2. Schritt Was will ich dazu wissen?	Ich möchte beispielsweise wissen, – ob es auch Sieger der Globalisierung in Deutschland gibt – weshalb manche Industriezweige stärker als andere von der Globalisierung betroffen sind – ob die Globalisierung den Unterschied zwischen Armut und Reichtum in einer Gesellschaft vergrößert – ob die Globalisierung im Widerspruch zur Forderung nach mehr Nachhaltigkeit steht – ...
3. Schritt – Finde ich genügend Informationen zu diesem Thema? – Kann mir jemand weiterhelfen? – Wie ordne ich diese Informationen?	Jetzt gilt es, Informationen zu meinen Fragestellungen zu sammeln. Auf die Fragestellung „Gefährdet die Globalisierung den Wirtschaftsstandort Deutschland?" finden sich unter anderem folgende Stichworte:

– Abwanderung deutscher Firmen
– Made in Germany
– Umweltindustrie
– Mittelstandsbetriebe
– Klassengesellschaft
– Infrastruktur
– Forschung und Entwicklung

– Hidden champions, z. B. Aesculap in Tuttlingen
– hochqualifizierte Arbeitskräfte
– flexible Arbeitszeiten
– Subventionen
– working poor
– Marktdurchdringung
– Informationsgesellschaft

– wenige Streiktage in Deutschland
– Generationenvertrag
– Erschließung neuer Märkte
– Logistikkosten
– Dienstleistungsgesellschaft
– Finanzmärkte
– ...

Sie sehen selbst: Es ist unmöglich, alle diese Gesichtspunkte erschöpfend in einer kurzen Präsentation zu erörtern. Deshalb ist sinnvoll, sich einen Aspekt herauszugreifen – zum Beispiel „Hidden champions" und daraus eine Frage zu formulieren:

4. Schritt Formulierung des Themas als Frage- oder Problemstellung	Mögliche Fragestellungen könnten sein: – Können deutsche Firmen im Globalisierungsprozess gewinnen – das Beispiel der schwäbischen Firma Putzmeister oder – Aus Aichtal in alle Welt – ein schwäbischer Globalisierungsgewinner oder – Die Firma Putzmeister aus dem schwäbischen Aichtal – Gewinner des Globalisierungsprozesses?

2.2 Zeitmanagement

Am Ende der Vorbereitungsphase – kurz vor dem Termin der Präsentation – läuft meist die Zeit davon. Der Zeitdruck wird gewaltig – „Stress" kommt auf. Wie gut wäre es jetzt, wenn der Tag 48 Stunden hätte oder man die Zeit anhalten könnte. Ursache für diesen Termindruck ist die Tatsache, dass bei langfristigen Aufgaben der Beginn gerne nach hinten geschoben wird. Entsprechend unbefriedigend sind dann auch die Ergebnisse.

Letztendlich ist der Zeitfaktor entscheidend für die Qualität einer Präsentation. Die zur Verfügung stehende Zeit bestimmt die Tiefe und Breite, mit der das Thema bearbeitet werden kann. Zeitmanagement ist notwendig, um nicht unter Termindruck zu geraten. Es gilt aber auch mehr als nur einen Zeitplan aufzustellen.

Was ist Zeitmanagement?

„Zeitmanagement ist die Kunst, seine Zeit optimal zu nutzen. Zeitmanagement beschäftigt sich mit den Problemen, die eine hohe Anzahl von Aufgaben, Terminen etc. mit sich bringen, wenn die zur Verfügung stehende Zeit begrenzt ist. Unter Zeitmanagement versteht man eine Reihe von Strategien und Techniken. Der Begriff Zeitmanagement ist eigentlich eine irreführende Bezeichnung, da die Zeit ganz unabhängig davon vergeht, was wir in dieser Zeit tun. Das einzige, was man managen kann, ist sich selbst. Daher beschäftigt sich Zeitmanagement vorwiegend mit Selbstmanagement. Die Techniken lassen sich grob in die fünf Bereiche ‚Ziele', ‚Übersicht', ‚Prioritäten', ‚Plan' und ‚Motivation' einteilen, wobei die meisten Themen mehreren Bereichen zuzuordnen sind."

http://de.wikipedia.org/wiki/Zeitmanagement

Erfolgreiches Zeitmanagement – Voraussetzungen:
Wenn Sie erfolgreich sein wollen, sollten Sie folgende Voraussetzungen mitbringen:
– Die Fähigkeit zur realistischen Selbsteinschätzung
– Ein gerütteltes Maß an Selbstdisziplin und
– Das Wissen um den eigenen Arbeitsrhythmus.

Beachten Sie folgende Regeln:
– Fixieren Sie alles schriftlich
– Setzen Sie Prioritäten
– Planen Sie „Puffer"-Zeiträume ein.

Für Ihr Zeitmanagement „Präsentationsprüfung" sollten Sie folgende Schwerpunkte beachten:
– Themenfindung: Problemstellung
– Materialsuche – und Materialsichtung
– Bearbeitung des Materials
– Grob- und Feingliederung der Präsentation
– Erstellen der Präsentation
– Üben der Präsentation.

Die Zeitbudget-Analyse

Wie viel Zeit haben Sie überhaupt zur Verfügung? Was bleibt außerhalb von Schule und Hausaufgaben noch zur freien Verfügung?

Um das festzustellen, genügt eine einfache Tabelle, welche die wichtigsten Bereiche eines Tages erfasst:

Tätigkeit	Zeitaufwand
Persönliches (Organisation des täglichen Lebens wie Schlafen, Essen, Körperpflege…)	
Schule (Schulweg, Unterrichtszeit, Mittagspausen, Hausaufgaben, Mitarbeit in AGs, …)	
Haushalt (ja auch das gehört dazu: Mithilfe im Haushalt – Kochen, Spülen, Einkaufen, …–, kleine Reparaturen, Organisieren	
Ehrenamt und Mitarbeit in Vereinen	
Freizeit (organisiert und nicht organisiert): in Vereinen, Kino, Disco, Sport, Konzertbesuche, Treffen mit Freunden …	

Damit gewinnen Sie einen Überblick, wie viel Zeit Sie für zusätzliche Aktivitäten, in diesem Fall die Präsentation, einplanen können.

Schritte für ein erfolgreiches Zeitmanagement beim Vorbereiten einer Präsentation

1. Ziele
Ihr Ziel ist klar: die erfolgreiche Präsentation. Doch um dieses Ziel gut zu erreichen, ist es sinnvoll, eine Untergliederung in kurz- und mittelfristige Ziele vorzunehmen.

2. Übersicht verschaffen
Welche Möglichkeiten und Methoden stehen mir zur Verfügung?

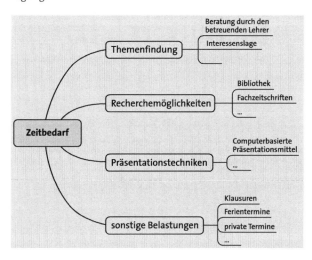

3. Prioritäten setzen
Das Analysieren und Definieren von Prioritäten – also die Gewichtung der Aufgaben und Zielsetzungen – ist elementar für ein erfolgreiches Zeitmanagement. Es empfiehlt sich, die Aufgaben nach dem ABC-Schema zu ordnen:

A-Aufgaben:	wichtig und eilig	hohe Priorität
B-Aufgaben:	wichtig, nicht eilig	mittlere Priorität
C-Aufgaben:	unwichtig	geringe Priorität

4. Die Roadmap – einen Arbeitsplan erstellen
Die Roadmap gibt den gesamten Ablauf der Vorbereitung der Präsentation wieder. Es ist sinnvoll, daraus Monats-, Wochen- und Tagespläne zu erstellen. Die ALPEN-Methode (rechte Spalte) ist eine gute Möglichkeit, effektive Wochen- und Tagespläne zu erstellen.

5. Motivation
Belohnen Sie sich immer wieder selbst: Machen Sie nach einem Arbeitsschritt eine Pause und tun Sie sich etwas Gutes: eine Tasse Tee oder Kaffee, Schokolade, Sonnenstrahlen im Freien, ein Telefonat mit Freund oder Freundin, ...
Sie werden sehen: Sie fühlen sich besser. Und eine positive Stimmung steigert Ihre Produktivität.

Die Pareto-Regel
„Im Alltagsleben lässt sich das beobachten, z. B. die Pareto-Regel
- Meistens tragen wir nur 20 % der Kleidung, die wir im Kleiderschrank haben.
- In Besprechungen kommt es in 20 % der Zeit gewöhnlich zu 80 % der Beschlüsse.
- Am Schreibtisch lassen sich mit 20 % der Zeit ungefähr 80 % der Aufgaben bewältigen.
- Wer ein Referat am PC erstellt, braucht nicht selten 80 % seiner Zeit dafür, das Ganze mit Formatierungen etc. in ‚Form' zu bringen.

Auch wenn das Zahlenverhältnis der Pareto-Regel nicht schematisch überall und auf jeden einzelnen Fall genau so zutrifft, sollte man die darin ausgedrückte Gesetzmäßigkeit beachten. Wer seine Zeit optimal planen will, muss wissen, dass im Allgemeinen 20 Prozent der Aufgaben und Aktivitäten so wichtig sind, dass sich damit 80 Prozent des Arbeitserfolges erzielen lassen. Die restlichen 80 % der Zeit dagegen bringen nur noch 20 % des Ergebnisses zustande. Das Verhältnis von Einsatz und Mitteln beträgt unter diesem Blickwinkel 80 : 20. (= 80 : 20-Regel) Dabei gilt die 80 : 20-Regel nicht nur bei der Verteilung der Zeit."

http://www.teachsam.de/arb/zeitmanagement/zeitmanag_2_3_4.htm

„Die Alpen-Methode
A ufgaben aufschreiben
L änge einschätzen
P ufferzeiten einplanen
„Ja, mach nur einen Plan
sei nur ein großes Licht
und mach dann noch 'nen zweiten Plan
gehn tun sie beide nicht."...
Weil erstens immer alles anders kommt, als man zweitens denkt, sollte man Zeitreserven für das Unvorhergesehene vorsehen. ..
E ntscheidungen treffen
Wenn das Aufgabenspektrum, der Zeitbedarf und die verfügbare Zeit so gegenübergestellt werden, wird meist eines deutlich – die Zeit reicht nicht! Nun gilt es Entscheidungen zu fällen, was wichtig(er) ist, was zeitlich mehr drängt, was delegiert werden kann – kurz: es müssen Prioritäten gesetzt werden. ...
N achkontrolle
Am Ende des Tages steht die Erfolgskontrolle:
- Welche Aufgaben wurden erledigt?
- Was kam an unvorhergesehenen Aufgaben herein?
- Wie lange habe ich wofür gebraucht?
- Was steht noch aus?"

Verändert nach: http://www.unternehmercoaches.de/2008/06/19/zeitmanagement-in-zeiten-der-em-2008-die-alpen-methode/

2.3 Tipps zur Recherche

Übersicht

Um einen ersten Überblick über das zu bearbeitende Themenfeld zu erhalten, kann es sich lohnen, zunächst ein **enzyklopädisches Lexikon** (z. B. Brockhaus oder Meyers) zu Rate zu ziehen. Der entsprechende Stichwortartikel liefert – auch über die Querverweise – bereits eine Reihe von Grundinformationen sowie Literaturangaben. Aktuellere Titel mit spezialisierten Fragestellungen müssen dann aber in den **Bibliotheken** durch eine Katalogrecherche (mit Computer und/oder Internet) ermittelt werden.

In Hintergrundberichten mit tagespolitischen Bezügen, wie sie immer wieder in überregionalen **Tageszeitungen** oder Nachrichtenmagazinen erscheinen, haben Journalisten zu einem bestimmten Thema häufig wichtige Informationen aus verschiedenen Quellen zusammengetragen. Eine Stichwortanfrage bei den entsprechenden Archiven kann helfen, solche Artikel aufzuspüren. Hierfür bieten große Tageszeitungen online einen Informationsservice an.

Insbesondere Zahlen oder Schaubilder können über **Statistische Bundes-, Landes- oder Stadtämter** beschafft werden. Hier kann es sich lohnen, per Mail bzw. Telefon oder auch durch einen Besuch Kontakt aufzunehmen, dabei sich selbst und das Anliegen vorzustellen und gezielt nach bestimmten Daten zu fragen. Dabei kann es allerdings vorkommen, dass spezielle Informationen nur gegen einen Unkostenbeitrag ausgedruckt und zugesandt werden.

Bei gesellschaftlichen, politischen oder sozialen Themen sind auch **Parteien, Gewerkschaften und Verbände** wichtige Ansprechpartner. Hier hilft in der Regel das Referat für Öffentlichkeitsarbeit weiter. Gleiches gilt **für Kirchen, karitative Einrichtungen, Vereine oder Selbsthilfegruppen**. Die von ihnen herausgegebenen Broschüren, Positionspapiere oder Abschlussberichte zu wichtigen aktuellen Themen können sich als ergiebige Fundgruben erweisen.

Wenn man **Informationen aus erster Hand** sucht, empfiehlt sich eine Kontaktaufnahme mit Personen, die in der Praxis mit dem ausgewählten Thema „vor Ort" beschäftigt sind. Das können Sachbearbeiter in den Ämtern, Journalisten, Sachverständige aus der Wirtschaft oder von Universitäten oder auch Streetworker sein. Durch telefonische Voranmeldung sollte der Termin für ein Gespräch vereinbart werden. Ein sorgfältig ausgearbeiteter Fragebogen hilft, die Informationsquelle möglichst optimal auszuschöpfen. Bei bestimmten Themenstellungen kann es sich auch lohnen, die Rechercheergebnisse durch eine kleine Umfrage unter Mitschülerinnen und Mitschülern, im Bekanntenkreis oder sogar unter Passanten anzureichern.

Einen Leitfaden für die Suche und das weitere Vorgehen insgesamt bietet auch der **„ENCARTA Recherche-Planer"** (Microsoft) und dann natürlich das **Internet** mit seinen Suchmaschinen.

Internet-Recherche

Die gezielte Eingabe einer Adresse ist der einfachste Weg, um an Informationen zu kommen. Neben den Suchmaschinen sind besonders die Internet-Portale der Zeitschriften interessant (z. B. *www.spiegel.de*, *www.faz.de* und *www.zeit.de*). Sie bieten oft wichtige Informationen in ihrem Archiv.

Aus geographischer Sicht bietet die Klett Geo-Infothek das interessanteste und beste Angebot. Sie wird deshalb auf der Seite 14 besonders vorgestellt.

Wichtige Internetadressen

www.dkrz.de (Deutsches Klimarechenzentrum)

www.dwd.de (Deutscher Wetterdienst)

www.hamburger.bildungsserver.de (umfangreiches Angebot zum Thema Atmosphäre, Klimawandel)

www.geowissenschaften.de (verschiedene Beiträge zur physischen Geographie)

www.webgeo.de (Informationen zur Geomorphologie, Tektonik und zum Klima)

http://ec.europa.eu/maritimeaffairs/links_de.html (Linksammlung zu den Meeren)

https://www.cia.gov/library/publications/the-world-factbook/ (CIA –Factbook)

www.destatis.de (Statistisches Bundesamt Deutschlands)

www.oecd.org (OECD)

www.europa.eu.int (Europäische Union)

www.dsw-online.de (Deutsche Stiftung Weltbevölkerung)

www.fao.org (Food and Agriculture Organization of the United Nations)

www.diw-berlin.de (Deutsches Institut für Wirtschaftsforschung)

Es gibt sicher kein Patentrezept, um die im Internet gefundenen Informationen und Dokumente zu bewerten. Die folgenden Tipps und Kriterien sollen Ihnen aber helfen, Seriöses und Unseriöses, Nützliches und „Datenschrott" voneinander zu trennen.

Beurteilung von Web-Seiten	
Kriterium	**Fragen (für das Rechercheprotokoll)**
URL-Server-Name, Domaine-Name	– Wo ist das Dokument zu finden bzw. wie sieht der Pfad zum Dokument aus? – Handelt es sich um ein Dokument innerhalb der Homepage eines Benutzers oder um die offizielle Publikation einer Organisation? – Deutet der Server-Name auf ein Unternehmen, eine Non-Profit-Organisation, eine Stadt oder eine Behörde hin?
Dokumententitel	– Enthält der Dokumententitel Begriffe, die für das zu bearbeitende Thema relevant sind?
Beschreibung des Dokuments	– Scheint das Dokument auf Grund der Kurzbeschreibung nützlich für die Bearbeitung des Themas? – Lässt sich auf einer Website mit nützlichen Informationen eine Linkliste finden, mit deren Hilfe u. U. weitere Schätze entdeckt werden können?
Autorenangabe/Verlag	– Sind die Urheber des Dokuments angegeben? – Kann auf Grund der Angaben auf die Fachkompetenz des Autors geschlossen werden?
Aktualität	– Ist ein Erstellungs- oder Überarbeitungsdatum angegeben? – Ist das Dokument für das zu bearbeitende Thema ausreichend aktuell?

Auswertung von Web-Seiten	
Kriterium	**Fragen**
Motive der Publikation	– Mit welchen Motiven wurde die Publikation verfasst und veröffentlicht? – Handelt es sich um einen politischen oder religiösen Text? – Macht ein Unternehmen Öffentlichkeitsarbeit oder handelt es sich um Werbung? – Handelt es sich um einen wissenschaftlichen Text, um einen Forschungsbericht einer Forschungsinstitution (z. B. Universität)?
Wahrheitsgehalt und Verifizierungsmöglichkeiten	– Sind die Informationen glaubwürdig? – Gibt es Hinweise auf verwendete Literatur, gibt es Quellenangaben? – Lässt sich die Information belegen? – Gibt es an anderen Orten im Web Dokumente, welche dieselben Aussagen machen?
Objektivität der Aussagen	– Sind die Aussagen wertneutral oder handelt es sich um subjektive Meinungen? – Wird versucht, die Leserschaft mit sprachlichen Mitteln zu beeinflussen? – Werden gewisse Fakten bewusst weggelassen? – Gibt es Hinweise auf eine Intention, die mit der Publikation im Netz verfolgt wird?
Layout	– Ist die Seite übersichtlich dargestellt? – Konzentriert sie sich auf die Präsentation des Inhalts oder wird man mit farbigen, blinkenden Schriften, viel Animation und nichts sagenden Bildern überschwemmt?
Pflege der Seite bzw. der Website	– Ist die Seite bzw. Website sorgfältig gepflegt? – Gibt es zahlreiche ungültige Hyperlinks oder Bilder, die nicht erscheinen? – Gibt es sonstige Probleme?

Die Klett Geo-Infothek – eine Fundgrube für jede Präsentation im Fach Geographie

Die Klett Geo-Infothek enthält Infoblätter mit Hintergrundinformationen zu vielen geographischen Themen wie Klimatologie oder Verstädterung. Kommentierte Linktipps helfen bei der Recherche im Internet. Daneben bietet die Infothek Materialien wie Zeitschriftenartikel oder Lexikoneinträge an. So lassen sich schnell Präsentationen zu aktuellen Themen vorbereiten, egal ob zum Thema Hochwasser an der Elbe, Globalisierung oder Bodendegradation.

Die Klett-Infothek kann so aufgerufen werden:

www.klett.de

Ein Klick auf „Lehrwerk-Online" öffnet eine Übersichtseite. Darauf findet man als ersten Eintrag unter „Geographie": „Geographie Infothek". Wird dieser Begriff angeklickt, öffnet sich die Infothek.

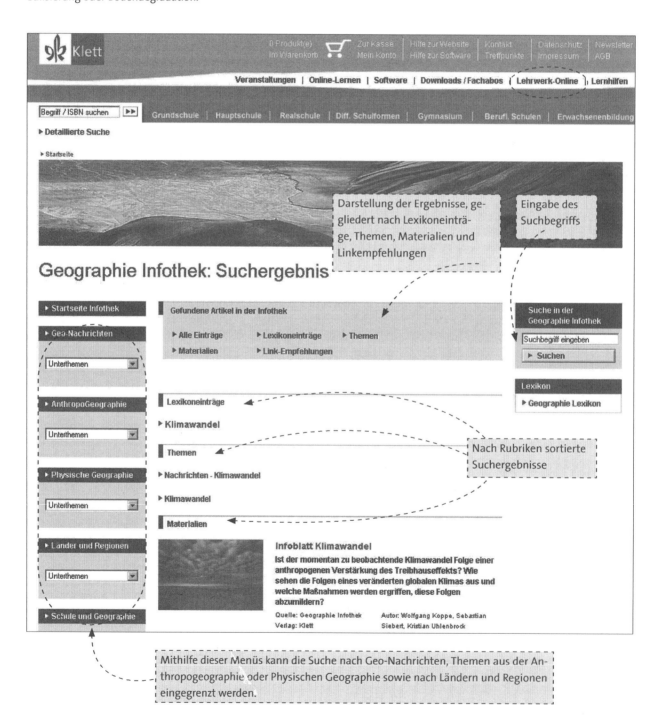

2.4 Urheberrecht und Zitate

Bei der Vorbereitung Ihrer Präsentation kommen Sie unweigerlich mit dem Urheberrecht in Kontakt. Meist sind Sie sich dessen nicht bewusst. Zugegebenermaßen ist die Rechtslage sehr kompliziert, so dass selbst Fachleute einige Mühe mit der komplexen Materie haben.

Solange Sie aber Ihre Präsentation nicht veröffentlichen – also nicht ins öffentlich zugängliche Schulnetz stellen oder bei Hausaufgaben.de oder einem anderen Verzeichnis ablegen, haben Sie wenig mit dem Urheberrecht zu tun. (Wenn Sie sich weiter informieren wollen, dann finden Sie unter folgender Adresse weitere Informationen:
http://lehrerfortbildung-bw.de/sueb/recht/, 23.11.2008)

Eines sollten Sie aber auf jeden Fall beachten: Sie müssen in Ihrer Präsentation richtig zitieren. Sie kennen die Situation: Es ist kurz vor der Abgabe, die Zeit läuft Ihnen davon, Sie haben Mühe mit der Formulierung. Was hindert Sie eigentlich daran, das was Sie darstellen wollen, in wenigen Minuten aus dem Internet zu holen und mit „copy and paste" in Ihre Präsentation einzufügen. Prinzipiell ist das möglich – allerdings müssen Sie diese Passagen als Zitate kennzeichnen.

Sie werden sich bei Ihrer Präsentation wohl immer auf fremde Texte und Quellen (Abbildungen, Tabellen, Diagramme…) beziehen. Doch in welchem Umfang dürfen Sie fremdes Material in Ihrer Präsentation verwenden? Beim Zitieren wird das Urheberrecht teilweise eingeschränkt.

Der Gesetzgeber geht beim Zitieren davon aus, dass der Zitierende immer auf den Leistungen seiner Vorgänger aufbaut. Damit ist Verwendung von Teilen eines Werkes in einem selbstständigen Werk ohne Einwilligung und Vergütung des Urhebers erlaubt, soweit es für das eigene Werk notwendig ist.

Allerdings müssen Sie beim Zitieren einige Voraussetzungen und Regeln beachten.

– Sie dürfen nicht ohne Grund zitieren, beispielsweise um Ihre Präsentation mächtiger erscheinen zulassen. Jedes Zitat muss eine Verbindung zwischen Ihrem eigenen und dem zitierten Werk herstellen. Das heißt, das Zitat muss Ihre eigenen Gedanken unterstützen, es muss also ein Beleg für Ihre Ausführungen sein.
– Sie müssen das Zitat als solches kenntlich machen. Dabei darf der übernommene Inhalt nicht verändert werden.
– Sie müssen auf jeden Fall die Quelle des Zitats korrekt angeben.

„Für das wörtliche Zitieren gelten folgende Regeln:
– Anfang und Ende eines Zitates gehören in Anführungsstriche „".
– Wenn innerhalb eines Zitates eine andere Äußerung ‚zitiert' oder etwas in Anführungszeichen hervorgehoben wird, wird das verwendete doppelte Anführungszeichen halbiert.
– Zitate müssen selbst bei Besonderheiten oder merkwürdiger Interpunktion originalgetreu übernommen werden.
– Wenn man einen zusammenhängenden Text nicht vollständig zitiert, müssen die Auslassungen mit rechteckigen Klammern und drei Auslassungspunkten […], [oder auch nur durch drei Punkte …] gekennzeichnet werden.
– Falls man aus bestimmten Gründen Teile eines Zitates hervorheben möchte, sollte diese Veränderung des Zitates ausgewiesen werden. Dies geschieht z.B. durch folgende Formen: [Hervorhebung durch den Verfasser].
– Wenn man Erläuterungen einfügt, muss man sie kenntlich machen.
– Wenn ein wörtliches Zitat in einen eigenen Text eingebaut werden soll, können die grammatischen Endungen bei einer Veränderung des Kasus angepasst werden. Allerdings muss dieser Eingriff in das wörtliche Zitat auf jeden Fall kenntlich gemacht werden.
– […]"

http://lehrerfortbildung-bw.de/kompetenzen/projektkompetenz/durchfuehrung/doku/zitate/zitat_woertl.gif 23.11.2008

Um die Quelle eines Zitats richtig angeben zu können, benötigen Sie folgende Informationen über das zitierte Werk:

– Vorname und Name des Verfassers
– Titel (eventuell Untertitel oder Band einer Reihe)
– Erscheinungsort und Verlag
– Erscheinungsjahr
– Seite

Die Quellenangabe wird – bei einem Zitat aus einem gedruckten Werk – so dargestellt:
Matthias Scholliers: Klima im Wandel. TERRAglobal, SII Arbeitsmaterial, Leipzig: Klett 2006, Seite 10

Zitieren Sie von einer Internetseite, dann gehen Sie so vor und geben das Datum Ihres Aufrufs an:
http://www.ipcc.ch/ipccreports/index.htm, 4.11.2008

3 Gestaltung einer Präsentation

Ohne Worte

3.1 Präsentieren

„The mind is a wonderful thing. – It starts to work the minute you are born and never stops – until you get to speak in public."

Damit es Ihnen trotz bester Vorbereitung nicht so geht wie in diesem Zitat aus einem „Handbuch für Redner" oder gar wie dem Referenten in der obigen Karikatur, erhalten Sie in der rechten Spalte „Tipps für eine gelungene Präsentation".

Grundregeln für die Vorbereitung und Gestaltung

Sie haben als Redner niemals eine zweite Chance, einen ersten Eindruck zu machen!

Aber:

Sie haben 120 Sekunden Zeit, einen guten ersten Eindruck zu machen!

Und:

– Sie haben genau vier Minuten Zeit, um sich als Redner/in zu beweisen

Zudem:

Sie benötigen hin und wieder einen „Aufwacher" in Ihrer Präsentation, um die Aufmerksamkeit Ihrer Zuhörer zu erhalten

---

Grundregeln und Tipps für eine gelungene Präsentation

1. Vorbereitung und Selbsteinstimmung

– sich beruhigen durch tiefes Einatmen, Anhalten der Luft für ein paar Sekunden, langsames Ausatmen
– festen Stand suchen, Körperhaltung straffen, in den Händen Stichwortkärtchen halten
– Zuhörer in aller Ruhe anschauen, Blickkontakte aufnehmen, Blick schweifen lassen („Das ist mein Auftritt, dieses Podium gehört mir.")

2. Herstellen von Motivation und Aufmerksamkeit

– Zuhörer durch einen „pfiffigen", „spannenden" Einstieg gewinnen
– im Einstieg Problemstellung deutlich machen

3. Begrüßung der Zuhörer und Vermittlung eines Überblicks über den Vortrag

– Spannung erzeugen durch sofortige Hinführung zur Problemstellung (Tipp 2), erst dann Begrüßung des Publikums zum Thema
– Thema genau formulieren und Gliederung begründen (OP-Folie, PPP)

4. Argumentation in freier, lebendiger und verständlicher Rede

– „Kärtchen-Methode" anwenden (durchnummerierte Karteikarten im Format DIN A6 oder A7 mit jeweils einem Leitgedanken in der Überschrift sowie drei bis fünf weiterführenden Stichworten)
– Mimik und Körpersprache einsetzen, Stimme und Tonlage variieren, nicht zu schnell reden und Sprechpausen (als „Mitdenk-Pausen) einbauen

5. Gestaltung einer „Du-orientierten Rede"

– Blickkontakte halten und auf das Feedback der Zuhörer achten
– von den Voraussetzungen und Erwartungen des Publikums ausgehen
– lebensnahe Beispiele, Zitate oder rhetorische Fragen einfügen
– das Zuhören erleichtern durch den Einsatz verschiedener Visualisierungstechniken (siehe Kapitel 3.2)
– eine Überforderung der Zuhörer vermeiden, d.h. eine Überfrachtung mit Details vermeiden und ggf. die Informationsfülle reduzieren

6. Formulierung eines Fazits oder einer persönlichen Position und Ausstieg mit einer eindrucksvollen Schlusspointe

– möglichst an die im Einstieg aufgeworfene Problemstellung anknüpfen
– nicht um jeden Preis etwas Witziges, aber doch Zusammenfassendes und Weiterführendes formulieren
– daran denken, dass der letzte Eindruck vom Redner auf jeden Fall haften bleibt

Panne

Pannenmanagement

Auch bei sorgfältigster Vorbereitung können während der Präsentation unvorhergesehene Situationen auftreten. Hier gilt als wichtigste Grundregel: Ruhig bleiben und einen sicheren Eindruck vermitteln. Spielen Sie bereits im Vorfeld eine solche Situation in Gedanken einmal durch. Machen Sie sich dabei klar, dass Pannen jedem passieren können, dass sich die Prüfungskommission dieser Tatsache wohl bewusst ist und dass Sie auf deren wohlwollende Unterstützung bauen können. Der souveräne und flexible Umgang mit einer unvorhergesehenen Situation wird positiv vermerkt.

Tipps zum Pannenmanagement

- Sie versprechen sich: Ruhig den gesamten Satz noch einmal wiederholen und ohne Umschweife fortfahren.
- Sie bleiben stecken: Ziehen Sie Ihr Manuskript zu Rate, lesen Sie ruhig einige wenige Formulierungen ab, wiederholen Sie den zuletzt angeführten Gedankengang oder überspringen Sie einen Aspekt.
- Sie haben Probleme mit der Technik: Suchen Sie den Fehler und halten Sie dabei Kontakt mit dem Publikum, also mit der Prüfungskommission; weiten Sie die Fehlersuche nicht allzu lange aus, greifen Sie stattdessen auf Ihre vorbereitete medienärmere Variante zurück.
- Sie sind völlig blockiert: Geben Sie Ihre Nervosität offen zu, bitten Sie ggf. um eine kurze Unterbrechung, nehmen Sie einen Schluck Wasser.

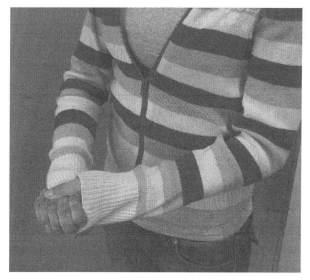

Körpersprache

Körpersprache

Folgen wir wissenschaftlichen Untersuchungen, dann gehen nur sieben Prozent des Eindrucks, den wir hinterlassen, auf das tatsächlich Gesagte zurück. Es kommt also nicht nur darauf an, wie Sie Ihre Präsentation aufbauen und was Sie inhaltlich bieten, mitentscheidend für die Wirkung ist, wie Sie Ihren Vortrag durch Ihre Körpersprache unterstützen. Mimik, Gestik, Tonfall, Haltung, Gang beeindrucken die Zuhörer u. U. stärker als alles, was Sie sagen. Sie erzeugen Sympathie und Antipathie.

Wenn Sie einige der folgenden Tipps beachten und das eine oder andere ruhig ein wenig vor dem Spiegel oder bei einem kleinen Probevortrag vor Freunden oder in der Familie einüben, kann das schon helfen, Ihren Gesamteindruck aufzuwerten.

Tipps für sicheres Auftreten

Kleidung, Auftreten und allgemeines Befinden:
- eine der Prüfungssituation angemessene, trotzdem bequeme, aber nicht zu „lässige" Kleidung
- aufrechte Haltung mit guter Körperspannung ohne Verkrampfung
- tiefe Atmung

Sicherer Stand:
- beide Beine gleichmäßig belasten, Füße leicht gespreizt
- Wechsel zwischen „Stand- und Spielbein" vermeiden
- Kein „auf und ab tigern"

Gestik:
- Arme locker angewinkelt zwischen Schulter und Hüfte
- Einsatz unterstreichender Gesten ohne Theatralik

Blickkontakt:
- Anschauen der Zuhörer und Vermeiden von Blicken zur Decke, zum Fenster hinaus oder ins Leere
- Suche nach positiven Blickkontakten

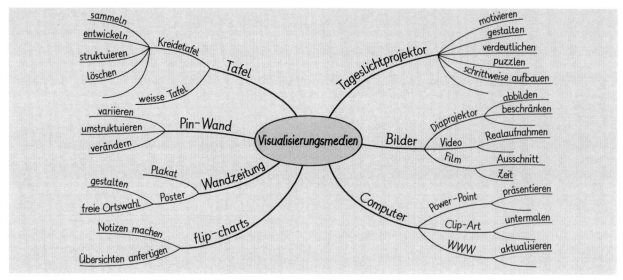

Visualisierungsmedien mit ihren Darstellungsmöglichkeiten

Arno Kraus, Norbert von der Ruhren: Fundamente. Geographie Oberstufe. Stuttgart, Leipzig: Klett 2008, S. 481

3.2 Visualisieren

Visualisieren bedeutet „sichtbar machen". Das gesprochene Wort, der eigene Vortrag, soll also optisch möglichst eindrucksvoll unterstützt werden.

Die Visualisierung führt beim Publikum zu erhöhter Aufmerksamkeit und Konzentration sowie zum besseren Behalten. Sie gibt den Zuhörern eine Orientierungshilfe und verdeutlicht das Wesentliche.

Der Vortragende erhält durch seine ausgewählten Visualisierungsmedien entscheidende Hilfe, die ihm seine Präsentation wesentlich erleichtert. Die Medien liefern ihm die Stichworte, auf deren Grundlage er eine scheinbar freie Rede gestalten kann („Medientrick"). Und er kann sie dazu einsetzen, seinen Vortrag zu strukturieren.

Ein Vortrag, der beim Publikum keine Aufmerksamkeit erregt, ist ein schlechter Vortrag. Monotone Sprechorgien gehören dazu. Zu schnell verliert der Zuhörer den Faden. Eine erfolgreiche Visualisierung zieht jedoch die Zuhörer in ihren Bann. Bildliche Informationen werden schneller und auch besser aufgenommen. Zudem bringen sie Abwechslung in den Vortrag.

Grundregeln der Visualisierung

Vorüberlegung. Bevor man die Visualisierung seines Vortrags angeht, sollten folgende Fragen beantwortet werden:
- Was will ich darstellen?
- Wozu soll die Darstellung dienen?
- Welche Hilfsmittel will ich verwenden (Abbildung oben)?

Machen Sie sich dabei klar, dass es nicht das Ziel einer guten Visualisierung ist, einen gesprochenen Vortrag zu ersetzen. Ziel ist es vielmehr, Informationen und Aussagen des Vortrags optisch möglichst wirkungsvoll aufzubereiten. Dabei ist zu beachten, dass nach wie vor der Inhalt im Vordergrund steht, dass also nicht die „Showeffekte" überwiegen. Dies gilt insbesondere beim Einsatz von PowerPoint-Programmen.

Reduzierung der Sachinformationen. Durch kleine Anschriebe, Skizzen oder Bilder sollte nur so viel wie nötig und so wenig wie möglich dargestellt werden. Von großer Bedeutung ist in diesem Zusammenhang die Überschrift. Bei PowerPoint- oder Tageslichtprojektor-Folien gilt die Regel: „groß – anschaulich – kraftvoll".

Herstellen von Transparenz. Während des Vortrags sollte stets der „rote Faden" dadurch deutlich werden, dass anhand der Disposition immer wieder gezeigt wird, an welcher Stelle der Vortrag angelangt ist. Das kann mithilfe einer Folie, eines vorbereiteten Anschriebs auf einer Wandtafel oder auf einem Plakat geschehen.

Tipps zur Visualisierung
- Visualisierungsmedien nach dem Inhalt der Präsentation auswählen
- in Druckschrift schreiben, Groß- und Kleinbuchstaben verwenden
- Wichtiges durch Fettschrift oder Unterstreichungen hervorheben
- verschiedene Medien einsetzen, aber „Mediensalat" vermeiden
- grafische Darstellungen verwenden, Publikum durch selbst entworfene einfache Diagramme, Strukturskizzen oder Wirkungsgefüge beeindrucken
- bei komplizierten Abbildungen ein Lesebeispiel vorstellen
- jede Abbildung mit einer Überschrift versehen
- bei Verwendung von Originalmaterial Quellenangaben nicht vergessen

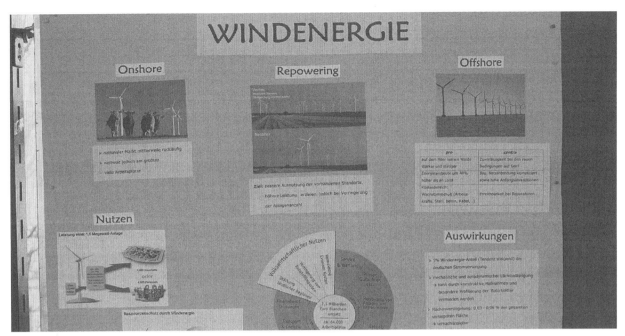

Wandzeitung

Ausgewählte Visualisierungsmedien

Ein Vortrag gewinnt nicht allein schon dadurch an Qualität, dass er durch den Computer bzw. ein PowerPoint-Programm unterstützt wird. Je nach Aussage und beabsichtigter Wirkung können auch andere Visualisierungsmedien (Abbildung S. 18) eingesetzt werden. Entscheidend ist, dass die grundlegenden „Tipps zur Visualisierung" (S. 18) beachtet werden.

Medium Wandzeitung

Die Gestaltung einer Wandzeitung gehört zu den grundlegenden Visualisierungstechniken. Sie setzt sich aus zwei Arbeitsebenen zusammen. Die eigentliche Gestaltung hat die sachgerechte und ästhetische Visualisierung von (geographischen) Sachverhalten zum Ziel. In der anschließenden Vorstellung des Inhaltes in einem Vortrag geht es darum, die Vermittlung von Informationen und Erkenntnissen zu intensivieren bzw. zu lenken und zur Reflexion aufzufordern.

Bei der Gestaltung und Präsentation ist also zu beachten, dass die Wandzeitung ein Signal aus Wort und Bild darstellt. Es muss so angelegt sein, dass die wesentlichen Aspekte eines Gedankenganges fokussiert werden, dass dadurch die Neugier des Betrachters geweckt und dieser sowohl zur Informationsaufnahme wie auch zum Nachdenken angeregt wird. Daraus ergibt sich die Forderung, dass eine Wandzeitung im Titel eine eindeutige Aussage enthält, dass diese Aussage durch ausgewählte Bildelemente und einprägsame Slogans sinnvoll unterstützt wird, dass sie klar strukturiert und spannend gestaltet ist.

Die Arbeit an einer Wandzeitung selbst wird im Einzelnen durch folgende Faktoren bestimmt:

– Inhalt, Form und Position des Themas (Überschrift)
– Fernwirkung und Symbolwert von Farben (Linien, Flächen)
– Klarheit und Einprägsamkeit von bildhaften Motiven
– Schriftgestaltung und Layout der Texte

– Gliederung und Verständlichkeit der Information
– Ordnung und Ästhetik auf der Plakatfläche
– Zuordnung und Heraushebung von Fachbegriffen
– Veranschaulichung durch grafische Elemente (Karten, Diagramme)

Tipps und Schritte beim Gestalten einer Wandzeitung

1. Inhalt erfassen
verschiedene Informationsquellen nutzen, um das Thema inhaltlich abzudecken und vorzustrukturieren

2. Wandzeitung vorbereiten
geeigneten Plakatbogen auswählen (Farbe und Größe, z. B. 50 x 70 cm, beachten)

3. Entwurf erstellen
– Teilthemen festlegen
– ihre Anordnung auf dem Plakat mithilfe einer maßstabsgerechten Entwurfsplanung gestalten

4. Wandzeitung gestalten
– Visualisierungsgrundsätze beachten (s. Tipps S. 18)
– besonderes Augenmerk auf die Qualität und Gestaltung der Informationstexte legen (kurz, informativ, verständlich, mit eigenen Worten formuliert, Druckschrift, zwei oder drei Schriftgrößen, farbig)
– bei der Anordnung der Wandzeitungselemente sowohl inhaltliche als auch gestalterische Kriterien befolgen (z. B. Beachtung der Abstände und einer logischen Reihenfolge der Sachinformationen)
– Elemente erst aufkleben, wenn man mit der Anordnung aller Teile zufrieden ist

Folie Nr. 3 einer PowerPoint-Präsentation zum Thema „Unsere Handelsbeziehungen mit Entwicklungsländern"

Medium Computer (PowerPoint)

Es kann nicht oft genug betont werden, dass PowerPoint-Programme – genauso wie Plakate, Overheadfolien, Flipcharts oder Dias – nur Hilfsmittel zur Unterstützung des eigenen Vortrags darstellen. Auf keinen Fall dürfen sie wichtiger werden als das gesprochene Wort. Technik ersetzt keinen Inhalt! Und sie darf auch nicht vom eigentlichen Vortrag ablenken. Der Redner bleibt die Hauptperson und steht im Mittelpunkt des Geschehens. Deshalb sollte er zum Beispiel während einer PowerPoint-Präsentation stets frei sprechen, indem er den – ohnehin sehr knapp gefassten – Text auf den Folien mit eigenen Worten erklärt, ihn durch Beispiele oder Zusatzinformationen anreichert. Die PowerPoint-Folien müssen also nicht selbsterklärend sein und dürfen auf gar keinen Fall nur vorgelesen werden. Zu Beginn und nach dem Einsatz der PowerPoint-Technik sollte der Redner auf jeden Fall für einige Minuten vor dem Publikum stehen und auch ohne Verweis auf irgendwelche Medien frei referieren.

Für das Erstellen und Gelingen einer PowerPoint-Präsentation gelten also bestimmte Grundregeln.

Vorüberlegung. Ist diese Form der Präsentation für das, was ich mit meinem Vortrag erreichen möchte, auch wirklich geeignet? Wie viel Zeit steht mir für den Einsatz dieses Visualisierungsmediums zur Verfügung? Welche „medienärmere" Version kann ich vorbereiten, wenn aufgrund technischer Defekte die PowerPoint-Präsentation nicht richtig läuft oder gar abgebrochen werden muss?

Inhaltskriterien. Die Aufeinanderfolge der Folien wird von der logischen Struktur des Vortrags bestimmt. Auch eine PowerPoint-Präsentation braucht eine Einleitungsfolie, die zur Problemstellung hinführt, einen Spannungsbogen für den Vortrag aufbaut und auf motivierende Weise die Aufmerksamkeit der

Zuhörer weckt. Aus dem Problemaufriss im Einstieg ergibt sich der „rote Faden" der Untersuchung bzw. die Gliederung, die während der Präsentation immer wieder eingeblendet werden sollte (entweder als Gesamtgliederung mit Hervorhebung des gerade angesprochenen Unterkapitels oder nur mit den bisher bereits behandelten Teilkapiteln wie in der Abbildung oben). Jede Inhaltsfolie braucht eine Kernaussage, die schon im Folientitel erfassbar ist. Die Kernaussagen werden durch Beispiele ergänzt. Eine Abschlussfolie – zum Beispiel mit einer Schlusspointe, einem knappen Fazit oder einer weiterführenden, provozierenden These – rundet den Vortrag ab.

Bei der Auswahl der Folieninhalte gilt die Regel, dass für eine etwa 10-minütige Präsentation maximal zehn Folien eingesetzt werden sollen. „Fließbanddiashows" sind also zu vermeiden. Diese Vorgabe zwingt zu einer sorgfältigen Auswahl der zu bietenden Informationen.

Auf keinen Fall dürfen die Quellenangaben vergessen werden.

Foliengestaltung. Durch die Benutzung einer selbst entworfenen Vorlage – zum Beispiel jeweils mit der selben Hintergrundfarbe, mit einem wiederkehrenden Logo oder Slogan und einem normierten Layout – werden die Folien einheitlich gestaltet. Die Texte sollte man im Hinblick auf Sprachstil und Rechtschreibung gründlich überprüfen (lassen). Um die Übersichtlichkeit zu erhalten, sollten auf einer Seite nicht mehr als sechs Informationen aufgenommen werden. Zur Garantie einer guten Lesbarkeit empfiehlt sich eine serifenlose Schriftart (z.B. Arial) mit einer Schriftgröße von mindestens 16 Punkten. Animationen, Cliparts oder Toneffekte sollten – wenn überhaupt – nur sparsam und stets im Hinblick auf eine bestimmte Funktion eingesetzt werden.

Visuelle Grundregeln

- Eine Idee pro Folie
- Sechs Wörter pro Zeile
- Sechs Zeilen pro Seite

Groß – anschaulich – kraftvoll

KISS-Regel: Keep it simple speaker

Sechs Tipps zur Gestaltung von Folien

1. Schriftart und Schriftgröße auswählen
- Beschränkung auf eine Schriftart
- einheitliche Schriftgrößen für Texte, Überschriften
- nur eine Form der Hervorhebung (fett oder kursiv)
- Wahl der Schriftgröße in Abhängigkeit vom Abstand der Zuhörer zur Projektionsfläche (5 Millimeter bei 10 Metern Abstand, ca. 20 Punkt-Schrift; 10 Millimeter bei 10 bis 15 Metern Abstand, ca. 40 Punkt-Schrift; 15 Millimeter bei 15 bis 20 Metern Abstand, ca. 70 Punkt-Schrift)

2. Text begrenzen: (siehe Visuelle Grundregel, oben)
- Stichworte statt ganze Sätze
- keine kopierten Buchseiten

3. Farbwirkung nutzen
- Betonung bestimmter Aussagen durch Farben
- aber nicht mehr als vier Farben pro Folie
- durchgängig gleiche Farben für gleiche Bedeutung (z.B. alle Überschriften blau)
- Beachtung ausreichender Kontraste (Blau und Schwarz mit bester Lesbarkeit)

4. Grafische Darstellungen verwenden
- Umsetzung von Zahlen in Diagramme oder Grafiken
- Einfügen von Beschriftungen (z.B. x- oder y-Achse)
- Vorstellen von Lesebeispielen während der Präsentation

5. Bilder einfügen
- nur Auswahl von Bildern mit Aussagekraft (keine bloßen Illustrationen)
- Beachtung von möglichen Assoziationen (ggf. vorher testen)

6. Übersichtlichkeit herstellen
- plakative Gestaltung mit Freiflächen und ausreichenden Zeilenabständen
- Hervorhebung der inhaltlichen Struktur durch Elemente wie Spiegelstriche, Einrückungen, Farben
- Freilassen eines Randes (ca. 2 cm), aber keine optischen Eingrenzungen („Trauerrand")
- linksbündige Texte, kein Vertikaltext
- Logos oder Slogans nicht zu dominant

Gliederung eines Vortrags mithilfe einer Flip-Chart

Medium Flip-Chart

Ein Flip-Chart (englisch für „Umblätterdiagramm") ist ein Hilfsmittel für Präsentationen, bei dem Papierblöcke auf speziell angefertigte Gestelle gespannt werden. Die einzelnen Bögen lassen sich für verschiedene Visualisierungselemente nutzen. Dabei können während einer Präsentation durchaus mehrere Bögen genutzt werden, wobei die bereits gezeigten auf dem Gestell umgeblättert werden. Sie können aber durchaus auch im Raum – an der Tafel mit Klebeband bzw. auf einer Pinnwand mit Nadeln – aufgehängt werden, sodass im Laufe des Vortrags eine Art Wandzeitung entsteht, auf der die Zuhörer einzelne Phasen oder Gedankengänge nachvollziehen. Auf diese Visualisierungselemente kann dann im anschließenden Kolloquium bzw. in der Diskussion zurückgegriffen werden. Das gilt insbesondere für die auf einem Bogen vorgestellte Gliederung, auf die während des Vortrags immer wieder hingewiesen wird und die dann Ansatzpunkte für die Diskussion liefert.

Die Flip-Chart-Bögen lassen sich im Vorfeld gut und wirkungsvoll vorbereiten, wobei für die Beschriftung einige Grundregeln zu beachten sind:

- Die Verwendung weißer Bögen ermöglicht eine ansprechende Gestaltung, weil dann mit farbigen Filzstiften (Marker) starke Kontraste erzielt werden.
- Der Einsatz karierter Bögen erleichtert die Flächenaufteilung, das gleichmäßige Beschreiben und die Wahl der Schriftgröße (z.B. ein Großbuchstabe so groß wie zwei Kästchen).
- Zur Anpassung und Erprobung der Proportionen empfiehlt es sich, auf den Bögen zunächst einen Bleistift-Entwurf anzufertigen.
- Die Begrenztheit der Schreibfläche zwingt zu einer sorgfältigen Auswahl der darzustellenden Informationen.
- Die fertig gestellten Bögen sollten daraufhin überprüft werden, dass sie für alle gut lesbar sind.

„Sie können zwar nicht alles lesen, aber ich zeige es Ihnen trotzdem"

Medium Tageslichtprojektor

Das gebräuchlichste Visualisierungsmedium für Vorträge – nicht nur an Schulen – stellt wohl immer noch der Overheadprojektor dar. Sein Einsatz bietet viele Vorteile. Dieses Gerät ist nicht nur in nahezu jedem Klassenraum verfügbar (bei eventuellen Pannen ist also ein Ersatzgerät schnell beschafft), es ist auch äußerst einfach zu bedienen und lenkt so den Vortragenden nicht unnötig ab. Wie sein Name schon sagt, muss der Raum in der Regel nicht – wie gelegentlich beim Einsatz von Beamern oder Diaprojektoren – verdunkelt werden. Für den Vortragenden sitzt das Publikum also nicht im (Halb)Dunkeln, er kann sich neben den Tageslichtprojektor stellen und dauernden Blickkontakt halten. Die im Allgemeinen sehr preiswerten Folien lassen sich handschriftlich oder mithilfe des Computers sorgfältig vorbereiten und dann während des Vortrags durch Eintragungen bzw. Unterstreichungen noch eindrucksvoll bearbeiten. Sie können als Vorlage für Kopien genutzt werden. Durch den Einsatz von Scannern lassen sich auch eindrucksvolle farbige Abbildungen präsentieren.

Für die Gestaltung der Tageslichtprojektor-Folien gelten dieselben Regeln und Tipps wie bei der Vorbereitung einer PowerPoint-Präsentation (S. 21). Auf Folgendes muss aber noch besonders hingewiesen werden:

- Um die Projektionsfläche auf dem Gerät nicht zu überschreiten, sollten alle Folien immer einen Rand von mindestens zwei Zentimetern aufweisen.
- Bei von Hand beschriebenen Folien darf die Höhe der Buchstaben ruhig größer als die empfohlenen 5 Millimeter sein.
- Fotokopien ganzer Buchseiten eignen sich nicht als Folienvorlagen!

Tipps für den Vortrag mit dem Tageslichtprojektor

- Beim Vortrag ist Ihr Standort neben dem Tageslichtprojektor, ruhig auch mit einer gewissen Entfernung, und mit ständigem Blickkontakt zum Auditorium.
- Schalten Sie den Tageslichtprojektor nur ein, wenn Sie ihn benötigen – vermeiden Sie aber ein „wildes Aus- und Einschalten".
- Benutzen Sie einen Stift oder (auflegbaren) Bildzeiger, und weisen Sie damit auf die Stellen, die Sie ansprechen, auf der Folie hin – und nicht auf der Leinwand! Lassen Sie Stift oder Bildzeiger ruhig auch länger auf der entsprechenden Stelle liegen.
- Die Zuhörer müssen Ihrem Vortrag folgen und gleichzeitig die Text- und Grafikelemente der Folie aufnehmen. Geben Sie ihnen dazu genügend Zeit, indem Sie die Folien lange genug aufliegen lassen. Als Faustregel gilt, dass eine Folie mindestens zwei Minuten lang gezeigt und ausgewertet wird.
- Während die Zuhörer Ihre Folie betrachten, sollten Sie – insbesondere bei komplexen Darstellungen – ruhig einmal 10 bis 20 Sekunden schweigen. Solche „Schweigephasen" fallen jedem Redner schwer – Sie sollten das unbedingt vorher üben.
- Geben Sie bei Grafiken oder Statistiken Hilfen, indem Sie ein Lesebeispiel vorstellen.
- Um die Spannung zu erhalten, können auch die Teile der Folie, die noch nicht angesprochen werden, mit einem Blatt Papier abgedeckt werden. Allerdings sollten Sie vermeiden, durch das Hin- und Hergeschiebe mehrerer kleiner Abdeckblätter eine zu starke Unruhe in Ihren Vortrag zu bringen.
- Der Tageslichtprojektor bietet auch die Chance, mehrere Folien nach und nach übereinander zu legen, um so schrittweise ein Gesamtbild oder eine komplexe Struktur aufzubauen (Overlay-Technik).
- Eine aufgelegte Folie muss noch nicht alle Informationen oder Hervorhebungen enthalten, die der Referent ansprechen will. Besonders zu betonende Details oder auch Unterstreichungen lassen sich auch eindrucksvoll während des Vortrags eintragen – eine gewisse Übung und auch gut lesbare Handschrift vorausgesetzt.
- Wie bei einer PowerPoint-Präsentation ist auch beim Einsatz des Tageslichtprojektors die Anzahl der Folien zu begrenzen. Für gute Fachvorträge an Hochschulen oder Wirtschaftsseminaren gilt die Empfehlung, in einem Zeitraum von zehn Minuten maximal drei bis vier Folien einzusetzen. Allerdings hängt das sehr stark von der Komplexität der Inhalte ab.
- Und ruhig zum wiederholten Mal hier noch einmal der Hinweis zum Blickkontakt: Schauen Sie nicht dauernd auf Ihre Folien (deren Inhalt kennen Sie doch zur Genüge), sondern zum Publikum – nutzen Sie diese Möglichkeit des Tageslichtprojektors!

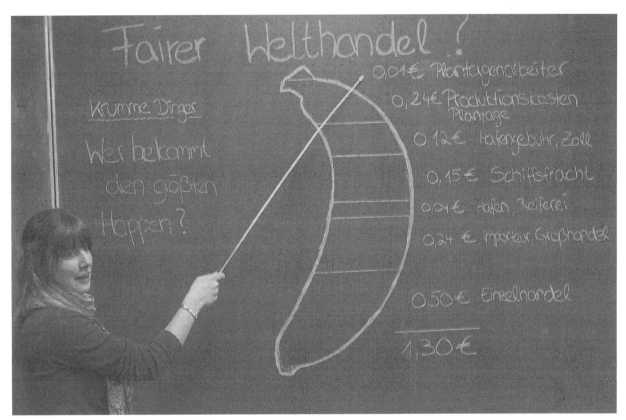

Tafelbild zum Thema „Fairer Welthandel"

Medium Wandtafel

Scheuen Sie sich nicht, für Ihre Präsentation auch das „Schulalltagsmedium" Wandtafel zu nutzen. Eine Tafel ist in jedem Klassenzimmer vorhanden, funktioniert in der Regel ohne die Gefahr größerer technischer Pannen und kann an verschiedenen Stellen des Vortrags durchaus wirkungsvoll eingesetzt werden. Wie bei einer Flip-Chart können Sie hier die Disposition Ihres Vortrages vorstellen, auf die Sie dann während der Präsentation immer wieder hinweisen. Beim parallelen Einsatz eines Tageslichtprojektors ersparen Sie sich dadurch nicht nur das dauernde Wiederauflegen der Gliederungsfolie, durch den Wechsel zwischen Tafel und Projektor bieten Sie auch zusätzliche Impulse. Sie können zum Beispiel ein – u. U. auch farbig strukturiertes – Tafelbild vorbereiten und durch das Aufklappen der Tafel für einen Überraschungseffekt sorgen. Da Schüler in der Regel nicht über die nötige Erfahrung im Umgang mit der Wandtafel und ihren ungewohnten Proportionen verfügen, sollten Sie das geplante Tafelbild aber spätestens einen Tag vor der Präsentation erproben und – von allen Seiten des Vortragsraumes – auf seine Lesbarkeit überprüfen. Darüber hinaus können Sie die Tafel nutzen, um während des Vortrags einige wenige Zahlen zur Verdeutlichung anzuschreiben oder benötigte Fachbegriffe vorzustellen.

Sorgen Sie rechtzeitig dafür, dass verschiedenfarbige Kreide bereit liegt und dass die Tafel sorgfältig gereinigt ist. Eine verschmierte Tafel macht auf die Zuhörer oder gar auf eine Prüfungskommission keinen guten Eindruck!

Medium Reale Gegenstände

Bei manchen Themen lassen sich auch reale Gegenstände in eine Präsentation einbauen. Ein eindrucksvolles Beispiel finden Sie bei der Präsentation zum Thema „Luftbelastung im Talkessel von Stuttgart – Panikmache oder reale Gefährdung?" mit dem selbst angefertigten Reliefmodell (siehe hierzu auch S. 30/31). Als weitere derartige „Gegenstände" bieten sich zum Beispiel Globus, Wandkarte, Zeitungsausschnitte oder Handstücke an.

Durch den Einsatz von derartigem Anschauungsmaterial wird nicht nur das Interesse der Zuschauer geweckt, es wird auch ein unmittelbarer Bezug zur Realität hergestellt. Sie sollten allerdings darauf achten, dass der Gegenstand groß genug und so für alle Anwesenden im Raum gut erkennbar ist. Auf gar keinen Fall sollten Sie aber bestimmte Gegenstände nach Ihrer Einführung und Erläuterung im Publikum herumreichen. Das schafft nur Unruhe und lenkt von Ihrem weiteren Vortrag ab. Sie können aber einen Gegenstand, insbesondere wenn er außergewöhnlich und spektakulär ist, wirkungsvoll platzieren und zu dessen ausgiebiger Betrachtung nach dem Ende des Vortrags einladen.

Das Präsentieren von an entsprechenden Stellen sinnvoll eingesetzt realen Gegenständen wird seine Wirkung auf die Prüfungskommission nicht verfehlen. Das gilt insbesondere dann, wenn das Anschauungsmaterial – wie das Relief auf S. 31 – selbst angefertigt worden ist. Das zeugt von einer insgesamt intensiven sowie gründlichen Vorbereitung und wird dann auch entsprechend gewürdigt und honoriert.

Einstieg in eine Präsentation zum Thema „Fairer Welthandel?"

Kadminas Träume

3.3 Anlage und Planung von Einstiegen und Ausstiegen

„Sie haben als Redner niemals eine zweite Chance, einen ersten Eindruck zu machen!" Auf diese Grundregel wurde bereits bei der allgemeinen Einführung zum Präsentieren hingewiesen (S.16). Aus dieser Regel folgt, dass Sie die Einstiegsphase Ihres Vortrags in besonders durchdachter und kreativer Weise gestalten müssen, wenn Sie Ihre Zuhörer und speziell eine Prüfungskommission nachhaltig beeindrucken wollen.

Doch trotz der Vorgabe, die Einstiegsphase in höchst kreativer Weise zu gestalten, sollten Sie auf gar keinen Fall krampfhaft versuchen, ihre Präsentation mit einem funktionslosen Knalleffekt zu beginnen. Der Einstieg ist kein theaterreifer Aufhänger, der das Publikum nur emotional für einige Momente mobilisiert und von dem dann im Laufe des Vortrags und vor allem auch im Fazit nicht mehr die Rede ist. Der Einstieg hat vielmehr die Aufgabe, die Problemstellung auf möglichst nachvollziehbare und motivierende Weise anzureißen und herauszuarbeiten. Er baut gleichsam einen Spannungsbogen für den gesamten Vortrag auf. Damit liefert er auch die Begründung für die Abfolge der Untersuchungsschritte, also für die Gliederung Ihres Vortrags. Den Zuhörern wird also im Einstieg auch die innere Struktur des Vortrags vermittelt, sodass sie den „roten Faden" erkennen und verfolgen können.

Nach Untersuchung der notwendigen Fakten zur Beleuchtung des Problems wird der im Einstieg erzeugte Spannungsbogen im Fazit wieder aufgegriffen. Hier wertet der Referent dann seinen Befund aus der Perspektive heraus, die er ebenfalls im Einstieg deutlich gemacht hat.

Ein so verstandener Einstieg ist also mehr als ein Werbegag – er beeindruckt die Prüfungskommission durch einen problemhaltigen Zugriff auf das Thema und durch die Formulierung präziser Fragestellungen.

Einstieg

„Nun gibt es in Abhängigkeit vom jeweiligen Blickwinkel … ganz unterschiedliche Zugänge zu geographischen Inhalten. Werden die räumlichen Gegebenheiten nämlich nicht als etwas Statisches aufgefasst, sondern als etwas Gewordenes und sich ständig Wandelndes, dann gibt es … drei verschiedene perspektivische Zugriffe auf den geographischen Gegenstand:

– den phänomenorientierten, der von dem gegenwärtigen Erscheinungsbild eines Raumes aus in einem Rückblick nach den Kräften der Vergangenheit fragt, die es geprägt haben;

– den prozessorientierten, der über den zeitlichen Vergleich die Veränderungen im Erscheinungsbild eines Raumes erfasst und nach deren Ursachen und Wirkungen fragt;

– den problemorientierten, der von einer aktuellen Problemlage aus mit vorwärts gerichtetem Blick die Möglichkeiten einer Problemlösung abschätzt."

Heinz Günter Buske: Lernprozesse in Gang setzen – aber wie? Zur Anlage und Planung von Einstiegen. IN: Praxis Geographie 9/2007. S.60

Der phänomenorientierte Einstieg wird also ausgewählte Erscheinungen oder Situationen in Bildern, Videoausschnitten o.ä. präsentieren und nach den Ursachen fragen. Zu der selben Fragestellung führt der prozessorientierte Einstieg, der zum Beispiel anhand kontrastiver Bilder oder Schilderungen einen früheren mit dem heutigen Zustand vergleicht und daraus eine umfassende Ursachen- und Wirkungsanalyse ableitet. Dabei können dann neben physisch-geographischen auch ökonomische, soziale oder ökologische Aspekte angesprochen werden. Der problemorientierte Zugriff dagegen fragt nach unerwünschten Zuständen oder Vorgängen, also zum Beispiel nach den Ursachen und Auswirkungen von Naturkatastrophen oder ungerechten Zuständen, um daraus auch die Frage nach möglichen Lösungen abzuleiten.

In den Abbildungen Seite 24 ist das Beispiel eines problemorientierten Einstiegs vorgestellt. Mit dem Aufschneiden einer Banane unter der Frage „Wer bekommt den größten Happen?" arbeitete die Schülerin die zentrale Frage heraus: „Fairer Welthandel?". Daraus wurde folgender Gang der Untersuchung abgeleitet:

– Wem muss geholfen werden: Situation der Produzenten?
– Wer versucht diese Situation zu verbessern? Schwerpunkt: Rolle der „Weltläden"
– Was wurde bzw. wird erreicht?
– Wo bestehen nach wie vor Defizite – was kann und muss verbessert werden?

Die im Einstieg erarbeitete Problemstellung bildet die wesentliche Grundlage für die gesamte Präsentation. Sie strukturiert den Vortrag und sollte immer wieder herangezogen werden, um die nächsten Untersuchungsschritte nicht nur einzuleiten, sondern auch zu begründen. Das erleichtert dem Zuhörer das Nachvollziehen des Gedankenganges. Und es zwingt den Referenten zu einer klaren Konzeption seines Vortrags.

> „Auf die leitende Fragestellung wird ein guter Redner während seines Vortrags immer wieder hinweisen. Sie wird so gleichsam zum roten Faden für die Zuhörer. Der Vortragende wird diese Frage also nicht einfach zu Beginn der Rede aufwerfen und am Ende beantworten. Vielmehr wird er sie immer wieder anführen und so den Fortgang des Vortrags gestalten. Dazu bieten sich die Stellen im Hauptteil des Vortrags an, an denen ein neuer Aspekt eingeführt wird."
>
> Ludger Brüning: Methodentraining: Vortragen – Präsentieren – Referieren. Auer Verlag, Donauwörth 2006. S. 47

Tipps zur Formulierung – Wir rufen die leitende Fragestellung ins Bewusstsein:

– Erinnern wir uns: Die Ausgangsfrage war … Vor diesem Hintergrund ist der folgende Aspekt sehr bedeutsam …
– Ich hatte eingangs die Frage aufgeworfen, ob … Gerade in dieser Hinsicht ist die Erkenntnis, dass … sehr wichtig.
– Wir verfolgen immer noch die Frage, weshalb, … Dazu hat Albert Einstein gesagt, dass …
– Haben Sie noch die Eingangsfrage im Gedächtnis? Es ging darum, ob … Zu dieser Frage passt die Erkenntnis, dass …
– Sie erinnern sich! Es ging um die Frage …
– Behalten wir die Ausgangsfrage im Blick …

Ludger Brüning: Methodentraining: Vortragen – Präsentieren – Referieren. Auer Verlag, Donauwörth 2006. S. 47

Ausstieg

Oben wurde bereits darauf hingewiesen, dass im Ausstieg aus der Präsentation ein Resümee gezogen werden soll, wobei der im Einstieg aufgebaute Spannungsbogen wieder aufgegriffen wird. Jetzt gilt es, die einleitend aufgeworfenen Fragen auf der Grundlage der durchgeführten Untersuchungen und des dargebotenen Materials – aus der Sicht des Referenten – zu beantworten. Hier sollte auch eine persönliche Position bezogen werden. Dabei können durchaus auch eigene Erfahrungen beim Umgang mit dem Thema, Überraschungen während der Recherche, gewonnene Einsichten oder auch Enttäuschungen angeführt werden. Derartige Einblicke in den Erkenntnisprozess wirken sehr authentisch. Sie liefern auch Anknüpfungspunkte für die Diskussion im anschließenden Kolloquium. Wenn Sie das geschickt anstellen, können Sie mit der Wahl Ihrer Formulierungen auch bereits Teile des anschließenden Prüfungsgesprächs steuern.

Das Fazit kann aber auch noch weitergeführt werden, indem zum Beispiel auf offen gebliebene Fragen hingewiesen wird. Was bleibt nach wie vor ungeklärt? Was kann und muss noch getan werden? Wo muss weiter geforscht werden? Welche positiven oder negativen Entwicklungen sind erkennbar?

Denken Sie beim Ausstieg daran: Der letzte Eindruck vom Redner bleibt in jedem Falle haften. Insofern sind Ihre Schlussworte fast genauso wichtig wie die Einleitung. Beenden Sie also Ihre Präsentation auf gar keinen Fall mit nichts sagenden Worten wie „So, das war's – ich danke für Ihre Aufmerksamkeit." Bemühen Sie sich auch nicht krampfhaft um etwas besonders Witziges. Aber machen Sie sich doch die Mühe, etwas Zusammenfassendes oder Weiterführendes zu formulieren und das Ganze dann möglichst mit einer Schlusspointe so auf den Punkt zu bringen, dass jeder merkt: Das war der Schlussakzent – und eigentlich wäre jetzt ein Beifall angebracht.

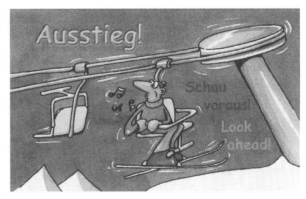

Ausstieg als Fazit und Ausblick

3.4 Struktur einer Präsentation

In der Vorbereitung Ihrer Präsentation sind Sie gut vorangekommen: Sie haben Ihr Thema gefunden und Ihre Zeit eingeteilt. Ihre Recherchen waren erfolgreich und Sie beherrschen die wesentlichen Präsentationstechniken.

Jetzt müssen Sie eigentlich nur noch Ihre Präsentation fertig stellen. Die nachfolgenden zwei Seiten zeigen Ihnen an einem Beispiel, wie Sie Ihre Präsentation strukturieren können, um erfolgreich zu sein.

Tiefgehend oder umfassend?

Da der zeitliche Umfang einer Präsentation meist auf wenige Minuten – in der Regel sind es 10 bis 20 Minuten – begrenzt ist, können Sie ein Thema nicht umfassend, in allen Einzelheiten und in die Tiefe gehend behandeln. Wenn Sie sich nun dafür entscheiden, einen guten Überblick über das Thema zu geben, dann kann man Ihnen vorwerfen, dass Sie die Thematik zu oberflächlich behandelt haben. Entscheiden Sie sich im umgekehrten Fall dafür, einen kleinen Aspekt Ihres Themas in allen Einzelheiten und tiefgehend zu analysieren, dann kann man Ihnen vorwerfen, dass Sie keinen Überblick hätten.
Es scheint fast unmöglich, aus diesem Dilemma herauszukommen.

Eine Möglichkeit ist die so genannte „T-Struktur" der Präsentation. Mithilfe dieser Struktur können Sie gleichzeitig zeigen, dass Sie einen Überblick über das Thema haben, aber auch in der Lage sind, einen Sachverhalt zu durchdringen.

Beispiel: T-Struktur einer Präsentation zum Thema Flussbegradigung

1. Einstieg
In diesem Fall ist es ein Bild, welches das Kölner Schokoladenmuseum im Hochwasser des Rheins zeigt. Dazu gibt es zusätzlich die Information, dass sich die so genannten Jahrhundert-Hochwässer in Köln häufen. Daraus lässt sich die Problemstellung entwickeln.

2. Problemstellung
Aus der Abbildung können Sie folgende Fragestellung ableiten: „Wie kommt es, dass Teile Kölns immer wieder von Jahrhundert-Hochwässern überflutet werden?"

3. Bildung von Hypothesen
Für die Hochwasserereignisse in Köln kommen verschiedene Ursachen in Frage, welche als Hypothesen (oder Vermutungen) geäußert werden.
Mittels dieser Vermutungen zeigen Sie deutlich, dass Sie einen sehr guten Überblick über das Thema haben. Sie sind in der Lage, ganz unterschiedliche Blickwinkel einzunehmen und sind nicht von vorne herein auf einen Aspekt festgelegt.

4. Überprüfen einer Hypothese
Im Folgenden überprüfen Sie anhand geeigneter Materialien eine dieser Vermutungen. Verwenden Sie dazu Karten, Diagramme, Tabellen, …
Das ist der Moment, wo Sie zeigen können, dass Sie sich nicht nur oberflächlich mit diesem Thema beschäftigt haben. Sie sind in der Lage, auch „dicke Bretter" zu bohren und kennen sich in der wissenschaftlichen Diskussion aus.

5. Fazit
Geben Sie hier an, ob und inwieweit die von Ihnen geäußerte Hypothese richtig war.

6. Kolloquium
Im Kolloquium wird Ihre Präsentation hinterfragt: inhaltlich, aber auch methodisch. Dabei kann man natürlich auch auf die von Ihnen bisher noch nicht überprüften Vermutungen eingehen und Sie bitten, dazu Stellung zu nehmen.

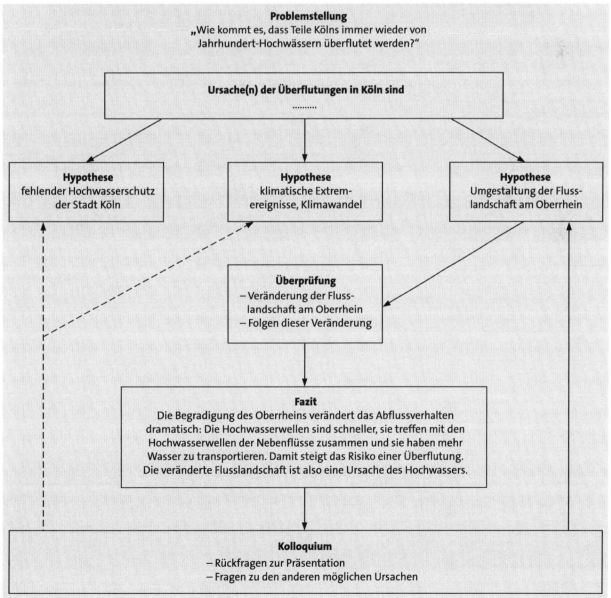

Problemstellung
„Wie kommt es, dass Teile Kölns immer wieder von
Jahrhundert-Hochwässern überflutet werden?"

Ursache(n) der Überflutungen in Köln sind
....

Hypothese
fehlender Hochwasserschutz
der Stadt Köln

Hypothese
klimatische Extrem-
ereignisse, Klimawandel

Hypothese
Umgestaltung der Fluss-
landschaft am Oberrhein

Überprüfung
– Veränderung der Fluss-
landschaft am Oberrhein
– Folgen dieser Veränderung

Fazit
Die Begradigung des Oberrheins verändert das Abflussverhalten
dramatisch: Die Hochwasserwellen sind schneller, sie treffen mit den
Hochwasserwellen der Nebenflüsse zusammen und sie haben mehr
Wasser zu transportieren. Damit steigt das Risiko einer Überflutung.
Die veränderte Flusslandschaft ist also eine Ursache des Hochwassers.

Kolloquium
– Rückfragen zur Präsentation
– Fragen zu den anderen möglichen Ursachen

4 Elemente gelungener Präsentationen

Auf den vorangegangenen Seiten haben Sie wichtige Bestandteile von Präsentationen kennen gelernt und Tipps und Tricks für deren Gestaltung erhalten.

Nun gilt es, diese Einzelteile zu einer rund 10-minütigen Präsentation zusammenzufassen.

Nachfolgend finden sich drei Präsentationen mit unterschiedlichen Schwerpunkten, jeweils eingebettet in den zeitlichen, formalen und inhaltlichen Kontext.

4.1 Beispiel Mumbai: Wo Träume zu Alpträumen werden? – Metropolisierung und ihre Folgen

Schwerpunkt: Einstieg, Metaplan-Karten-Einsatz

Einstieg

Überleitung /Gliederung

1. Einleitung: Kaminas Träume
2. Gliederung
3. Megastädte und Metropolen – Mumbai
4. Ursachen des Städtewachstums
5. Folgen der Metropolisierung in Mumbai
6. Vom Traum zum Alptraum?
7. Fazit
8. Literatur

Hauptteil

Was wird fachlich erwartet?

– Mumbai: Lage, Bevölkerungswachstum
– Fachbegriff: Metropole, Megacity
– Folgen der Metropolisierung
– Fazit: Von Träumen zu Alpträumen?

hilfreich: Vergleiche mit Bekanntem (hier mit Berlin)

sinnvoll: Zahlen zur Vertiefung

Zahlen dienen im Geographieunterricht v.a. dem Belegen verbaler Behauptungen. Lisa zeigt durch die Arbeit mit der Statistik, dass sie imstande ist, Diagramme und Tabellen zu lesen, zu beschreiben, zu interpretieren und fähig ist, die Zahlen argumentativ für ihr Thema zu nutzen.

clever: Kolloquium

Lisa kennt die begrifflichen Unterschiede zwischen Slum und Marginalsiedlung, geht aber nicht weiter darauf ein, da sie für das Thema unwichtig sind – ein weitsichtiger Schachzug, bietet sie dem Prüfer doch einen möglichen Anknüpfungspunkt für das Kolloquium.

Durchführung

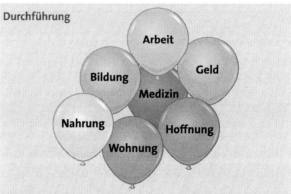

Einstieg

Lisa begrüßt die anwesende Prüfungskommission mit einer Handvoll bunter Luftballons. „Ich habe Kaminas Träume in der Hand", sagt sie und stellt sowohl Kamina (Folie) als auch die Slogans auf den Luftballons vor: Kamina, eine junge Frau, die mit ihrem Mann und den drei Kindern nach Mumbai kommt, wünscht sich nicht nur eine feste Arbeit, eine Wohnung und genug Geld, um Nahrungsmittel zu kaufen sowie einen etwas höheren Lebensstandard. Sie wünscht sich auch, dass ihre zwei ältesten Kinder zur Schule gehen und sie selbst einen Arzt besuchen kann mit ihrem Kleinsten, der ständig hustet.

Überleitung /Gliederung

„Kamina kommt vom Land in die Stadt". Wir wollen nun sehen, was aus ihr und ihren Träumen wird, in einer Stadt wie Mumbai, einer Megastadt", leitet Lisa geschickt von der Einleitung zur Gliederung über, die sie per Folie den Anwesenden vorstellt und als Handout (vgl.S. 37) bereits der Prüfungskommission auf den Tisch gelegt hat.

Hauptteil I – Megastädte und Metropolen

Präsentieren Sie kurz und prägnant die fachlichen Grundlagen für Ihr Referat:

Was versteht man eigentlich unter einer Megastadt, wo gibt es sie auf der Welt und was macht Mumbai zur Megastadt? Wie hat sich das Bevölkerungswachstum in den letzten 30 Jahren dort gewandelt und welche Gründe gibt es dafür? Nach Darlegung der fachlichen Definition und einem Vergleich mit Berlin, verdeutlicht Lisa mithilfe einer Statistik den Anstieg der Bevölkerung Mumbais um das Dreifache. Von den rund 13 Millionen Einwohnern (2006) in Mumbai lebt allein über die Hälfte in Elendsvierteln, in Marginalsiedlungen bzw. in Slums.

Natürliche demographische Prozesse und Migration sind Gründe für das rasante Bevölkerungswachstum. Besonders junge Bevölkerungsgruppen verlassen den ländlichen Raum, während die Aufnahmekapazität Mumbais infolge starker Zuwanderung überfordert ist.

Übergang: Fragen
Fragen können hilfreich sein, um von einem Gliederungspunkt zum nächsten zu gelangen.
Ein weiterer Vorteil: Lisa bindet durch die direkte Ansprache die Prüfungskommission in die Präsentation ein.

wissenschaftlich: Einbeziehung der Fachbegriffe
Hier: Push- und Pullfaktoren

gut und hilfreich: Metaplan-Karten
Lisa hat sich mit den Metaplan-Karten für das richtige Medium entschieden.
Sie ermöglichen ein sachliches und systematisches Arbeiten. Vor den Augen der Zuschauer lässt sich die fast leere Stellwand mit Fortgang des Vortrags langsam füllen. Ein nachvollziehbarer eingängiger Prozess, der den Zuschauern in Erinnerung bleibt.
Ein weiterer Vorteil: auf der Rückseite der Metaplan-Karten hat Lisa sich ein paar Stichworte und Anmerkungen notiert. Sie geben Hilfestellung beim Vortragen, bevor die Karten an die Wand gepinnt werden.

Fazit/Ausstieg
vollständig: Bezug zum Einstieg
Lisa nimmt nochmals Bezug auf den Einstieg. So erscheint die Präsentation als „runde Sache". Prima.

Übergang: Doch was veranlasst so viele Menschen, wie auch Kamina, in die Stadt zu ziehen?

Hauptteil II: Ursachen / Folgen des Städtewachstums
Lisa schaut die Prüfungskommission herausfordernd an und verweist auf die vorbereitete Stellwand, auf der Metaplan-Karten mit möglichen Wanderungsgründen zu sehen sind. Wir haben es mit Push- und Pullfaktoren zu tun, erläutert Lisa, gibt eine kurze Definition und bindet sie in ihre Thematik ein. Indem sie weitere andersfarbige Karten an die Stellwand heftet, geht sie vom 4. zum 5. Punkt ihrer Gliederung über: Kurze fachliche Informationen, die die Folgen der Metropolisierung in Mumbai aufzeigen, umreißen die Realität, die Kamina erwartet.

Hauptteil III: – Vom Traum zum Alptraum? –
„Vom Traum zum Alptraum?" fragt Lisa und zeigt auf Kaminas Luftballons. „Laut den Vereinten Nationen (2005) werden im Verdichtungsraum Mumbai um 2020 rund 28,5 Millionen Menschen ihren Lebensmittelpunkt haben, die Bevölkerungsdichte nimmt weiterhin zu, noch ist kein Ende absehbar." Lisa belegt ihre Aussagen mit Zahlenmaterial.

Fazit: „Schauen wir noch einmal zurück – was ist aus den anfänglichen Träumen geworden? Kamina hat ländliche gegen städtische Armut getauscht" endet Lisa.
Dann lässt sie einen Luftballon nach dem anderen platzen. „Vielen Dank für ihre Aufmerksamkeit."

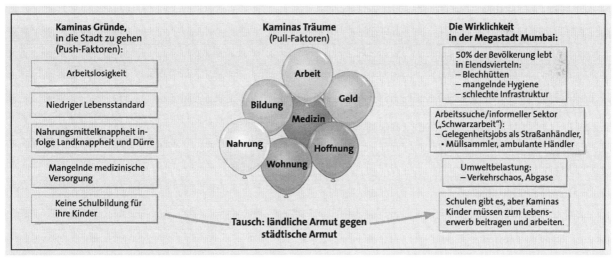

Stellwand-Präsentation mit Metaplan-Karten

Eingesetzte Medien/geographische Arbeitsmittel:
– Wandkarte für Lage von Mumbai
– Luftballons für Einstieg
– OH-Folie / PowerPoint für Definition „Megastadt", Statistik „Bevölkerungszahlen im Wandel"
– Metaplan-Karten an Tafel/Stellwand für Folgen der Metropolisierung

Auszug aus Lisas Literaturliste
– Bundeszentrale für politische Bildung. Megastädte; http://www.bpb.de/themen/SNFZ1I,0,Metropolisierung_ und_st%E4dtische_ Konzentration.html, 13.03.2008
– DWS: Weltbevölkerungsbericht 2007; Balance Verlag, ISBN-13: 978-3-936682-29-8
– Klett-Infothek: TAZ: Die Explosion der Slums

4.2 Beispiel Luftbelastung im Talkessel von Stuttgart – Panikmache oder reale Gefährdung?

Schwerpunkt: Arbeit mit dem Modell

Einstieg

motivierend, klar: Einstieg, roter Faden

Felix hat einen knappen problemorientierten Einstieg gewählt: Die Problemstellung wurde auf möglichst nachvollziehbare und motivierende Weise angerissen und herausgearbeitet. Ausgehend vom Bildimpuls hat Felix einen Spannungsbogen für den gesamten Vortrag aufgebaut. Seine Gliederung vermittelt dem Zuhörer den „roten Faden".

Überleitung / Gliederung

1. Einleitung und Gliederung
2. Wie entsteht Feinstaub?
3. Der Stuttgarter Talkessel: Lage und Relief
4. Zusammenhang: Relief und Luftverunreinigung
5. Luftbelastung durch Feinstaub und Stickstoffdioxid
6. Mögliche gesundheitliche Auswirkungen
7. Fazit
8. Literatur

Hauptteil

Was wird fachlich erwartet?
- Lage und Relief des Stuttgarter Talkessels
- Aufgreifen der Überschrift
- Klimatische Charakteristika
- Luftverunreinigung: Ausmaß und Gründe
- Gegenmaßnahmen / Lösungsstrategien
- Fazit: Gefährdung / Panikmache?

wissenschaftlich: Definitionen

Definitionen sind notwendig, um die Verständigung über benutzte Wörter / Begriffe herbeizuführen, um die eindeutige Bestimmung eines Begriffes zu gewährleisten.

Definition: PM_{10}: Feinstaubpartikel in der Luft mit einem Durchmesser von weniger als 10 Mikrometer. Englisch: particulate Matter

Durchführung

Autoverkehr Stuttgart

Einstieg

„Wer kennt das nicht: Auto an Auto, vor allem zu Rushhour-Zeiten verschandeln endlose Autokolonnen das Bild Stuttgarts. Dicht an dicht: Von allen Seiten kommend fahren sie in den Talkessel Stuttgarts hinein, von mehr oder weniger großen Abgaswolken begleitet. Ein unschönes Bild, finden Sie nicht auch?

Doch steckt gar mehr dahinter? Ist möglicherweise die Gesundheit der Stuttgarter Bevölkerung durch Luftverunreinigung gefährdet?"

Dieser Fragestellung wollen wir jetzt nachgehen und ich begrüße ich Sie ganz herzlich zu meiner Präsentationsprüfung zum Thema „Luftbelastung im Talkessel von Stuttgart – Panikmache oder reale Gefährdung?"

Überleitung / Gliederung

Felix weist auf die Gliederung: „In den folgenden 9 Minuten möchte ich Sie mit den zugrunde liegenden fachlichen Aspekten rund um den Talkessel Stuttgart und dessen Luftbeschaffenheit vertraut machen. Am Ende meiner Präsentation ist zu erörtern, in wiefern die Luftbelastung in Stuttgarts Talkessel eine ernsthafte Bedrohung für die Bevölkerung darstellt oder es sich um simple Panikmache handelt. Doch zunächst zu den Fakten:"

Felix schaut die Prüfungskommission direkt an.

Hauptteil I – Wie entsteht Feinstaub?

„Kern der ganzen Thematik ist der Feinstaub", erklärt Felix. Kurz geht er auf die damit verbundenen Fachtermini, Definitionen und auf die Entstehung der Feinstaubbelastung und Stickstoffoxide v.a. durch den Straßenverkehr, aber auch durch Industrie, Gewerbe, Hausbrand ein.

„Hohe Schadstoffkonzentrationen in der Atemluft treten vor allem bei windschwachen Hochdruckwetterlagen auf, wenn der Luftaustausch in der Atmosphäre reduziert ist (Inversionswetterlage). In den Wintermonaten dauern diese Wetterlagen besonders lange an, weshalb in der kalten Jahreszeit auch die höchsten Konzentrationen in der Außenluft und die meisten Überschreitungen der Grenzwerte auftreten."

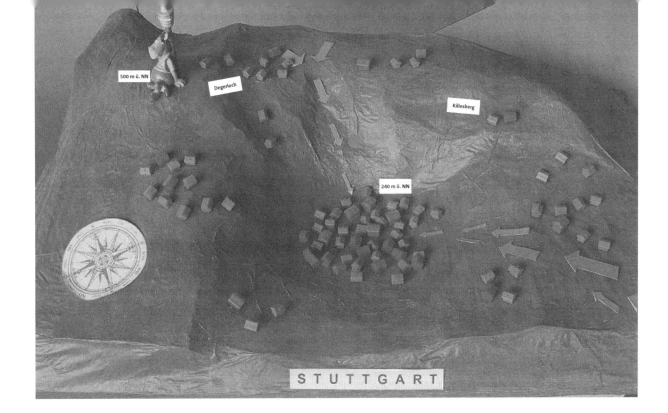

anschaulich: das Modell

Der Hauptteil in Felix Präsentation wird von einem Medium dominiert: dem Modell. Es hat den Vorteil, dass es zum einen eine verkleinerte Abbildung der Wirklichkeit darstellt, zum anderen aber auch Dinge vereinfacht zeigen kann. Dass Felix lange an diesem Modell gebaut hat, ist augenscheinlich und trägt sicherlich auch zum Gelingen der Prüfung bei, mehr aber, dass er das Modell intensiv als Arbeitsmedium nutzt und es nicht als Augenschmaus in der Ecke stehen lässt.

Übergang: vom Modell zum Detail

Topographie – Kessellage – Stuttgart – Behinderung von Frischluftzufuhr – Schadstoff-Konzentration. Vom Modell ausgehend leitet Felix geschickt zu vertiefenden Informationen.

fachlich detailliert: Statistik

Diagramme eignen sich zur Vertiefung der Thematik, sofern Sie auch mit den Zahlen arbeiten. Das heißt, Sie erklären, wofür die Zahlen stehen und greifen sich Zahlenbeispiele heraus. In Felix Fall können jene Details, die das Modell nicht imstande ist, zu visualisieren, so als Information per Folie gezeigt werden, um danach das Gesagte wieder auf das Modell zu transferieren.

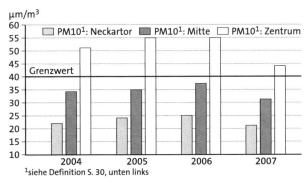

Feinstaubbelastung Stuttgart (Jahresmittelwerte 2004–2007)

Nach Amt für Umweltschutz, Abt. Stadtklimatologie 2008

Hauptteil II – Der Stuttgarter Talkessel: Lage, Relief und Luftverunreinigung

Zum besseren Verständnis seines Vortrags hat sich Felix entschieden, ein Modell zu bauen. Es soll helfen, die komplizierten Vorgänge vereinfacht zu visualisieren. Felix weist auf sein Modell: „Der rund sechs Kilometer lange Stuttgarter Talkessel ist durch eine langgestreckte Form charakterisiert und verläuft ungefähr in SW-NO Richtung. Sie können sich vorstellen, dass das Stadtklima Stuttgarts durch die topografische Situation der städtischen Kessellage maßgeblich beeinflusst wird", führt Felix seine Zuhörer in der Thematik weiter.

Am Modell geht er auf die spezifische Situation Stuttgarts ein, auf den geringen Luftaustausch, die Inversionswetterlage, die Frischluftschneisen. „Die topografische Lage Stuttgarts im Talkessel behindert die Zufuhr von Frischluft und den Abzug der freigesetzten Luftschadstoffe. Dadurch treten an manchen Stellen deutlich erhöhte Schadstoff-Konzentrationen in der Außenluft auf." Felix weist auf die im Modell markierten Punkte hin.

Hauptteil III – Luftbelastung durch Feinstaub und Stickstoffdioxid

Seine Ausführungen vertieft Felix einerseits durch den Einsatz einer Atlaskarte, die die Verkehrsbelastung in Stuttgart detailliert zeigt, andererseits durch ein Stabdiagramm und weiteres aktuelles Zahlenmaterial mithilfe von Overhead-Folien. Das Amt für Umweltschutz, das Erhebungen zur Luftbelastung in festen Messstationen im Stuttgarter Raum durchgeführt hat, wird zitiert.

Felix weist auf die Konzentrationen an Feinstaub am Neckartor in der Stadtmitte hin: „Der Grenzwert für Feinstaub wurde dort 2005 mehr als 180 Mal überschritten. Seit Januar 2005 gilt für Feinstaub der Tagesmittelwert von 50 µg/m³, der maximal an 35 Tagen im Jahr überschritten werden darf."

Übergang: Fragestellung
Mit Fragen führt Felix von einem Gliederungspunkt zum nächsten.

übersichtlich: Mindmap
Beim Betrachten einer Mindmap kann man sich auf wichtige Schlüsselwörter konzentrieren. So auch hier bei der Präsentation von Felix.

vorausschauend: Kolloquium
Felix nennt bewusst nicht alle Lösungsmöglichkeiten. Ein guter Prüfer erkennt hier Anknüpfungsmöglichkeiten fürs Kolloquium.

Ausstieg
Felix hat sich an die Ratschläge auf Seite 25 gehalten: Er macht sich die Mühe, Zusammenfassendes und Weiterführendes zu formulieren und das Ganze dann möglichst mit einer Schlusspointe (Plakate) auf den Punkt zu bringen. Gut durchdacht!

Eingesetzte Medien/geographische Arbeitsmittel:
– Karte für Einordnung des Stuttgarter Talkessels
– Modell für Hauptteil
– Ggf. Atlaskarte für Verkehrsbelastung in Stuttgart
– Folien für detaillierte Messdaten
– Plakate für Mindmap und Ausstieg

Auszug aus Felix Literaturliste
– Stadtklima-Seite der Stadt Stuttgart:
  http://www.stadtklima-stuttgart.de/index.php?start,
  20.03.2008
– Amt für Umweltschutz. Stadt Stuttgart 2007
– http://vorort.bund.net/stuttgart/positionen/
  positionen_5/positionen_164.htm, 15.03.2008

Übergang
Ist durch die Luftverunreinigung möglicherweise die Gesundheit der Stuttgarter Bevölkerung gefährdet?

Hauptteil IV – Mögliche gesundheitliche Auswirkungen
Felix schaut seine Zuhörer fragend an, bevor er auf den vorletzten Punkt seiner Ausführungen, die gesundheitlichen Auswirkungen zu sprechen kommt. Er bezieht sich auf Ergebnisse zweier Studien und weist u. a. auf Ergebnisse hin, denen zufolge Feinstaub die Atemwege und die Lunge belastet, was zu Atemwegserkrankungen und Herz-Kreislauf-Problemen führen kann. Eine Mindmap unterstützt seine Ausführungen.

Fazit
Felix ist bei Punkt sieben seiner Gliederung angekommen. Er hebt die Stimme und verweist auf die Ausgangsfrage – der Sachverhalt muss nun aus seiner Sicht bewertet werden. „Die verkehrsbedingten Schadstoffe (z. B. Stickoxide, Feinstaub, Ozon) befinden sich – wie gezeigt – auf einem hohen Niveau. In zahlreichen Stadtstraßen liegen die Schadstoffwerte für Feinstaub über den Grenzwerten für verkehrsbeschränkende Maßnahmen." Felix erkennt eine Gefährdung der Bevölkerung.
In Hinblick auf mögliche Anknüpfungspunkte für das Kolloquium deutet Felix kurz Handlungsalternativen an, die in Anbetracht des weiter steigenden Fahrzeugaufkommens seiner Meinung nach unerlässlich seien. Er denke unter anderem an den Luftreinhalteplan der Stadt Stuttgart und die Freihaltung von Frischluftschneisen durch Bebauungspläne, aber auch an besser entwickelte Fahrzeugtechniken.

Ausstieg
Und schließlich gäbe es ja auch noch den individuellen Beitrag eines jeden Stuttgarter Bürgers, zum Wohle der Luft. Felix hält abschließend zwei Plakate hoch. „Jeder Bürger ist gefragt – damit weder Panikmache noch reale Gefährdung ein Thema in Stuttgart ist", sagt er und bedankt sich bei seinen Zuhörern für ihre Aufmerksamkeit.

4.3 Beispiel – Fairer Welthandel ?

Schwerpunkt: Einstieg und PowerPoint-Präsentation

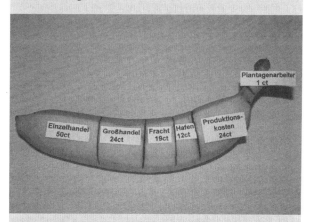

Einstieg

motivierend und interessant: Einstieg, Themenwahl

Mit dem Einstieg gelingt es Maike, die Aufmerksamkeit der Prüfungskommission zu wecken, die Schilderung ihrer eigenen Motive, die zur Themenwahl geführt haben, „outen" sie im positiven Sinn als interessierte Schülerin.

Einstieg

Mit dem Aufschneiden einer Banane (siehe auch Seite 24) unter der Frage „Wer bekommt den größten Happen?" arbeitet Maike die zentrale Frage ihrer Präsentationsprüfung heraus: „Fairer Welthandel?". „Gibt es einen fairen Welthandel?", fragt Maike die Prüfungskommission und deutet auf die unterschiedlichen Teile der aufgeschnittenen Banane.

„Auslöser, mich mit diesem Thema zu beschäftigen, war eine Fernsehdokumentation über Zuckeranbau auf den Philippinen. Die Ungerechtigkeiten und schlechten Arbeitsbedingungen, denen die Plantagenarbeiter unterworfen waren, haben mich hellhörig gemacht und veranlasst, genauer zu recherchieren. Da bezüglich des Zuckeranbaus das Material nicht so ergiebig war, wie erhofft, habe ich mich aber dazu entschieden, am Beispiel des Bananenhandels zu untersuchen, ob man von einem fairen Welthandel sprechen kann."

Übergang / Gliederung

1. Einstieg: Wer bekommt den größten Happen?
2. Wem muss geholfen werden?
   Die Situation der Produzenten
3. Wer versucht die Situation zu verbessern?
   Schwerpunkt: Die Rolle der „Weltläden"
4. Wofür steht das Fair Trade Siegel?
5. Was kann und muss verbessert werden?
6. Fazit
7. Literatur

Gliederung

„Ich möchte Ihnen nun meine Vorgehensweise und die damit verbundene Fragestellung erläutern, um am Ende der Präsentation zu versuchen, die eingehende Fragstellung zu beantworten".

Geschickt gelingt Maike der Übergang zur selbsterstellten PowerPoint-Präsentation. In ruhigen Worten geht sie die Gliederung durch, die aus fünf Fragestellungen besteht.

Übergang: Anknüpfen an den Einstieg

„Schauen wir uns nochmals ... an: ... Ihre Situation wollen wir uns nochmals vergegenwärtigen".

Übergang

„Schauen wir uns nochmals die Banane an: das kleinste Stück steht stellvertretend für die Plantagenarbeiter, die Produzenten. Ihre Situation wollen wir uns kurz vergegenwärtigen. Ich habe als Beispiel eine Plantage in Costa Rica gewählt."

Hauptteil: Was wird fachlich erwartet?

– Begriff: Welthandel / Fair Trade
– Konzentration auf ein Produkt (Bsp.: Banane, Kaffee)
– Darstellung am Beispiel eines Beteiligten (Arbeiter ...)
– Lösungsmöglichkeiten
– Fazit / Aufgreifen der Überschrift

Ein weiterer Druck auf den Pointer und schon erscheint die zweite Folie, mithilfe derer Maike ihren Vortrag sachlich, kompetent und übersichtlich gestaltet.

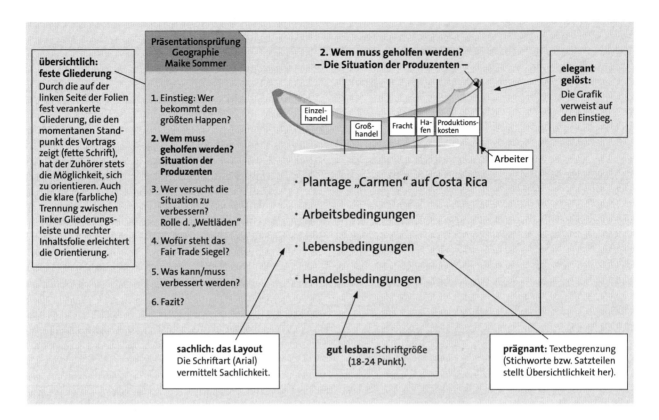

übersichtlich: feste Gliederung
Durch die auf der linken Seite der Folien fest verankerte Gliederung, die den momentanen Standpunkt des Vortrags zeigt (fette Schrift), hat der Zuhörer stets die Möglichkeit, sich zu orientieren. Auch die klare (farbliche) Trennung zwischen linker Gliederungsleiste und rechter Inhaltsfolie erleichtert die Orientierung.

Präsentationsprüfung
Geographie
Maike Sommer

1. Einstieg: Wer bekommt den größten Happen?
2. **Wem muss geholfen werden? Situation der Produzenten**
3. Wer versucht die Situation zu verbessern? Rolle d. „Weltläden"
4. Wofür steht das Fair Trade Siegel?
5. Was kann/muss verbessert werden?
6. Fazit?

2. Wem muss geholfen werden?
– Die Situation der Produzenten –

Einzelhandel
Großhandel Fracht Hafen Produktionskosten
Arbeiter

· Plantage „Carmen" auf Costa Rica
· Arbeitsbedingungen
· Lebensbedingungen
· Handelsbedingungen

elegant gelöst:
Die Grafik verweist auf den Einstieg.

sachlich: das Layout
Die Schriftart (Arial) vermittelt Sachlichkeit.

gut lesbar: Schriftgröße (18-24 Punkt).

prägnant: Textbegrenzung (Stichworte bzw. Satzteilen stellt Übersichtlichkeit her).

Folie 2

anschaulich: Beispiele helfen weiter
Wer kann sich schon vorstellen, wie groß die Plantage in Costa Rica ist. Auch 500 Hektar helfen nicht unbedingt weiter, wohl aber der Vergleich mit 1 000 Fußballfeldern.

„Du-orientierte Rede": direkte Ansprache
Maike hält den Blickkontakt zur Prüfungskommission. Durch Formulierungen wie „Sie erinnern sich" spricht sie ihre Zuhörer direkt an und ergreift geschickt die Möglichkeit, auf die Ausgangsfrage zurückzukommen und dem Zuhörer die Problematik vor Augen zu führen.

einprägsam: Umwandlung von Zahlen
Um die Anschaulichkeit zu stärken, ist es oft sinnvoll, absolute Zahlen in Prozentzahlen umzurechnen oder in Form eines Diagramms darzustellen .

Übergang: Mit Fragen von einem Gliederungspunkt zum nächsten

Hauptteil I – Wem muss geholfen werden? Die Situation der Produzenten
Dem Zuhörer wird sowohl die Lage Costa Ricas als auch die Plantagengröße (rund 1 000 Fußballfelder groß) vergegenwärtigt, bevor Maike die Arbeits- und Lebensbedingungen der Plantagenarbeiter thematisiert. „Bei der Ernte werden die bis zu 60 Kilogramm schweren Bananenstauden abgeschnitten und zur Verpackungshalle getragen. Eine anstrengende Arbeit, die Bananen dürfen nicht gedrückt oder zerquetscht werden."
„Kauft der Fruchtkonzern dem Plantagenbesitzer jedoch keine oder nur wenige Bananen ab, verdienen die Arbeiter nichts". Maike geht kurz auf die Rolle der Zwischen- und Großhändler ein, verweist wiederum auf ihre Bananenstücke:
„Sie erinnern sich – sowohl die Plantagenbesitzer als auch die Importeure, also der Großhandel, erhalten von den 1,30 € für das Kilo Bananen jeweils 24 Cent – das sind jeweils 18 %! Unser Plantagenarbeiter erhält 1 Cent, das ist nicht mal 1 % des Ganzen."

Übergang
Wie also kann man die Situation verbessern?

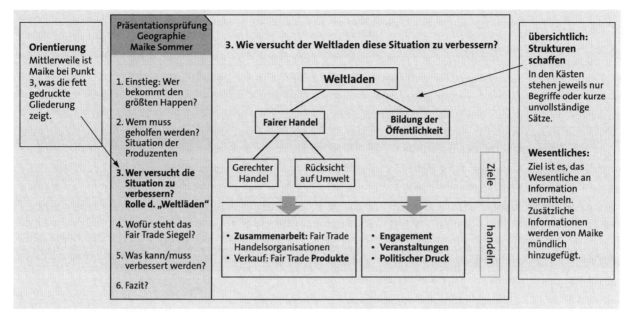

Folie 3

engagiert: Recherche vor Ort

Maikes Engagement macht auch nicht vor dem örtlichen Weltladen halt. Zum einen kommt diese Recherche ihr selbst zugute – sie kann erzählerisch aus dem Vollem schöpfen. Zum anderen wird der gute Eindruck, den die Prüfungskommission von Maike hat, durch die Recherche-Bemühungen bestärkt.

Übergang

Fragegeleitet und Aufgreifen des Präsentationsthemas „Fairer Welthandel?"

Hauptteil II – Wer versucht die Situation zu verbessern?
Schwerpunkt: Die Rolle der „Weltläden"

Maike verweist auf Punkt drei der Gliederung, erzählt vom Besuch im Weltladen ihres Wohnortes und den Recherchen vor Ort. Der Begriff „Fair Trade" wird definiert. „Durch gerechtere Handelsbeziehungen sollen die Lebensbedingungen der Menschen in den jeweiligen Ländern verbessert werden". Die Bedeutung des Weltladens wird herausgestellt.

Übergang

„Doch was ist gerechter Welthandel? Wofür genau steht nun eigentlich das Fair Trade Siegel, welches die Produkte auszeichnet?," fragt Maike die Anwesenden.

Folie 4

Hauptteil III – Wofür steht das Fair Trade Siegel?
Maike ist beim vorletzten Gliederungspunkt angelangt und stellt kurz die einzelnen Aspekte vor. Mithilfe einer Weltkarte zeigt sie die Verbreitung von Fair Trade Partnern. „Nahezu überall auf der Welt sind Fair Trade Niederlassungen und Organisationen angesiedelt" fasst sie ihre Erläuterungen zusammen.

Übergang
„alle mal herhören!" – „Du-orientierte Rede"
Maike hebt die Stimme und zeigt damit auch sprachlich, dass sie an einem wichtigen Punkt angelangt ist: „Es gibt Handlungsbedarf!"

„Aufwacher" gehören zu jeder guten Präsentation.

Übergang
Haben wir es also mit einem fairem Welthandel zu tun? „Keineswegs", trumpft Maike auf, hebt die Stimme „Es gibt Handlungsbedarf!"

Folie 5

Ausstieg
organisiert: Ein Wecker mit großem Zifferblatt zeigt an, wie viel Zeit noch bleibt. Eine gute Idee.

Maike fasst ihre Ausführungen kurz zusammen, um abschließend auf die „Einstiegsbanane" zurück zu kommen.
Gut gemacht – ein gelungener Vortrag!

Nun ist die Kehrseite der Medaille dran und Maike ist so richtig in ihrem Element. Sie beleuchtet Defizite, weist auf das individuelle Kaufverhalten hin, deutet Verbesserungsvorschläge an.

Fazit und Ausstieg
Ein Blick auf den Wecker, den sie auf dem Tisch gut sichtbar platziert hat. Noch eine Minute – Zeit fürs Fazit!
„Übergeordnetes Ziel eines fairen Welthandels ist es, die Binnenwirtschaft eines Landes zu stärken, langfristig ungerechte Weltwirtschaftsstrukturen abzubauen. Doch wie wir gesehen haben: Von einem umfassend fairen Welthandel kann man noch lange nicht sprechen – die Bananenstücke sprechen für sich", sagt Maike, weist nochmals auf die Banane und beendet ihren Vortrag.

4.4 Handout

In jeder Klassenstufe ist es anders, jedes Fach hat seine eigenen Vorgaben, jeder Fachlehrer andere Vorstellungen. Die Rede ist vom Handout.

Ein Handout ist ein Anglizismus (von engl. to hand out, aushändigen) und bezeichnet allgemein jede Art von Unterlagen (Tischvorlagen, Handzettel), die innerhalb von Konferenzen, Tagungen und Geschäftsbesprechungen an die Teilnehmer ausgegeben werden.

Generell gilt: ein unterstützendes Handout kann jedes Referat, jede Präsentation bereichern, sofern Sie einige Aspekte berücksichtigen:

– Ein Handout ist nicht dazu da, alles was Sie sagen aufzuzeigen, sondern Ihre wichtigsten Argumente und Thesen, die von Ihnen verwendete Literatur und wichtige Begriffe, Personen oder wissenschaftliche Theorien festzuhalten.

– Unsinnig ist es, lange Sätze in das Handout aufzunehmen. Dann lesen die Leute minutenlang diesen Text, statt Ihnen zuzuhören.

Tipp
Gestalten Sie ihr Handout so kurz und prägnant, dass man Ihrem Vortrag trotzdem noch zuhören muss, um alle Informationen zu bekommen.

Präsentationsprüfung Geographie:
Datum: 18.06.2008
Geographie   2-stündig
Fachlehrer: .....

Mumbai:
Wo Träume zu Alpträumen werden?
– Metropolisierung und ihre Folgen –

– Megastädte und Metropolen
   Megastadt: >10 Mio. Ew., mind. 200 Ew/km² (Fundamente, 2008 S. 270)
   Vgl. Berlin: 3,4 Mio. Ew. / Bev.dichte 3800 Ew/km² (2005)

– Ursachen des Städtewachstums
   Land (push-Faktoren)   Stadt (Pull-Faktoren)
   Attraktionslosigkeit   Fiktive Attraktivität
   des Landes

– Folgen der Metropolisierung in Mumbai
   – Elendsviertel: Marginal-/Hüttenviertel
   – Informeller Sektor
   – Umweltbelastung / Infrastruktur
   – .....

– Vom Traum zum Alptraum

– Fazit

Literatur siehe Rückseite

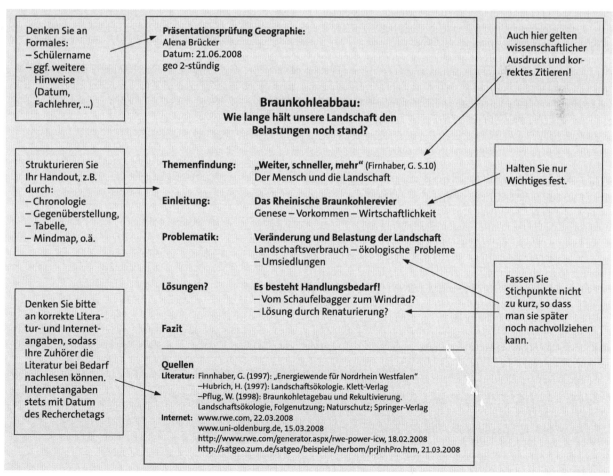

Denken Sie an Formales:
– Schülername
– ggf. weitere Hinweise (Datum, Fachlehrer, ...)

Strukturieren Sie Ihr Handout, z.B. durch:
– Chronologie
– Gegenüberstellung,
– Tabelle,
– Mindmap, o.ä.

Denken Sie bitte an korrekte Literatur- und Internetangaben, sodass Ihre Zuhörer die Literatur bei Bedarf nachlesen können. Internetangaben stets mit Datum des Recherchetags

Auch hier gelten wissenschaftlicher Ausdruck und korrektes Zitieren!

Halten Sie nur Wichtiges fest.

Fassen Sie Stichpunkte nicht zu kurz, so dass man sie später noch nachvollziehen kann.

Präsentationsprüfung Geographie:
Alena Brücker
Datum: 21.06.2008
geo 2-stündig

Braunkohleabbau:
Wie lange hält unsere Landschaft den Belastungen noch stand?

Themenfindung: „Weiter, schneller, mehr" (Firnhaber, G. S.10)
                 Der Mensch und die Landschaft

Einleitung: Das Rheinische Braunkohlerevier
                 Genese – Vorkommen – Wirtschaftlichkeit

Problematik: Veränderung und Belastung der Landschaft
                 Landschaftsverbrauch – ökologische Probleme
                 – Umsiedlungen

Lösungen?   Es besteht Handlungsbedarf!
                 – Vom Schaufelbagger zum Windrad?
                 – Lösung durch Renaturierung?

Fazit

Quellen
Literatur: Finnhaber, G. (1997): „Energiewende für Nordrhein Westfalen"
           – Hubrich, H. (1997): Landschaftsökologie. Klett-Verlag
           – Pflug, W. (1998): Braunkohletagebau und Rekultivierung.
           Landschaftsökologie, Folgenutzung; Naturschutz; Springer-Verlag
Internet: www.rwe.com, 22.03.2008
           www.uni-oldenburg.de, 15.03.2008
           http://www.rwe.com/generator.aspx/rwe-power-icw, 18.02.2008
           http://satgeo.zum.de/satgeo/beispiele/herbom/prjlnhPro.htm, 21.03.2008

5 Checkliste zur Begutachtung einer Präsentation

Thema:

_____

_____

_____

Name des Prüflings:

_____

Nachfragen/ Diskussion/ Bewertungskriterien	Anmerkungen
1. Inhalt – **Problemstellung:** gut durchdacht, ergiebig? – **Einstieg:** Begründung der Problemstellung auf motivierende und nachvoll-ziehbare Weise? – **Recherche:** Gründlichkeit und Kreativität beim Aufspüren benötigter Informationen und Fallbeispiele? (z.B. benutzte Quellen?) – **Informationen:** sinnvolle Auswahl? (z.B. Wesentliches im Mittelpunkt? Anschauliche Beispiele?) – **Fachsprache:** verständliche Darbietung der Sachinformationen – **Fazit:** begründete Antwort auf die Problemfrage, ggf. mit eigener Position?	
2. Gliederung – **Innere Logik des Aufbaus:** Einstieg mit Problemfrage – Sachinformationen mit Beispielen und Argumenten – Fazit – persönliche Position? – **Dramaturgie** – **Strukturierende Maßnahmen:** Verdeutlichung der Strukturierung? (z.B. OH-Folie mit Disposition, Überleitungen, Zwischenüberschriften) – **Zeitkalkulation** gut durchdacht? (z.B. ausreichend Zeit für den Schwerpunkt? Einhalten des Zeitlimits?)	
3. Medieneinsatz – **Präsentationsart:** Begründung für deren Auswahl? (z.B. PPP) – **Einbindung in den Vortrag:** den Inhalt unterstützend? sinnvoll, angemessen und ökonomisch? – **Gestaltung der Medien:** übersichtlich, aussagekräftig, lesbar, ästhetisch? – **Umgang mit den Medien:** souverän?	
4. Auftreten – **Sprache:** frei und adressatenorientiert? Vielfältiger Wortschatz? Richtige Syntax / Grammatik? – **Nonverbale Mittel:** Körpersprache, Gestik? – **Flexibilität:** z.B. im Umgang mit Unvorhergesehenem?	
5. Kolloquium – **Reaktion:** Umgang mit den Fragen (z.B. Motivation gerade für diese Thematik? Gestaltung der Vorbereitung?) – **Darstellungsfähigkeit:** Beweis von Fachwissen? – **Fachwissen** – **Flexibilität und Eigeninitiative:** eigenständige Weiterführung des Gesprächs? Persönliche Schlussfolgerungen?	

In seiner Präsentation „muss der Schüler zeigen, ob und wie sehr er das Thema fachlich durchdrungen hat. Darüber hinaus erlaubt die Präsentation Rückschlüsse auf die methodische Kompetenz des Schülers.

– Zum Fachlichen: „Denn auch eine sehr gelungene Präsentation darf nicht über ein möglicherweise geringes fachliches Niveau hinwegtäuschen. Denn schließlich wird eine Fachnote erteilt, die gerechtfertigt sein muss. Der Schüler, der vom Fach nichts versteht, aber eine ordentliche Note erhält, weil er eine raffinierte Präsentation gestaltet, muss ins Reich der Legenden verbannt werden."

– Zum Methodischen: „Es ist klar, dass für die Bewertung einer Präsentation in so verschiedenen Fächern wie beispielsweise Französisch, Physik oder Gemeinschaftskunde nicht identische Kriterien angelegt werden können." Dabei sollen nur diejenigen Fähigkeiten und Fertigkeiten in die Bewertung eingehen, die lehr- und lernbar sind."

– Insgesamt: Es ist zu beachten, „dass die Adressaten der Präsentation im Abitur nicht wie bisher Mitschüler sind, das Publikum besteht jetzt aus einer Prüfungskommission von nur drei Personen, Fachexperten. Der Schüler muss also nicht in erster Linie einen unbekannten Sachverhalt motivierend darstellen, sondern er muss bestrebt sein, sein Wissen und Können in der zur Verfügung stehenden Zeit und in der Besonderheit der Prüfungssituation möglichst gut unter Beweis zu stellen." (nach Wengert/Trenz, „Hinweise zum mündlichen Prüfungsfach" S. 9, 11 verändert)

6 Vorbereitung und Gestaltung eines Kolloquiums

Im Anschluss an Ihre Präsentationsprüfung findet als zweiter Prüfungsteil das Kolloquium statt. Als „Kolloquium" (lat. colloquium) bezeichnet man eigentlich ein wissenschaftliches Gespräch unter Fachleuten.

Das Kolloquium der Abiturprüfung ist jedoch breiter gefächert: Als Abschluss der Präsentation gibt das Gespräch einen umfangreichen Nachweis über Ihre Kenntnisse, Erkenntnisse und Fähigkeiten.

Zunächst steht das Präsentationsthema im Vordergrund: Fragen werden gestellt und Probleme aufgeworfen: Nach seiner Bedeutung, nach Querverbindungen, Anwendungen, verwendeten Quellen, methodischem Vorgehen. Hier müssen Sie zeigen, wie sehr Sie das Thema geistig durchdrungen haben.

Neben der Bewertung des Fachlichen zielen weitere Fragestellungen darauf ab, Ihre Methodenkompetenz und Ihre personelle Kompetenz zu bewerten. Sie sollten in der Lage sein, eingesetzte Methoden zu erklären bzw. deren (sinnvollen) Einsatz zu beurteilen. Wenn z. B. Ziele nicht erreicht wurden, sollten Alternativen aufgezeigt werden können.

Darüber hinaus ist es legitim im Kolloquium weitere Lehrplaninhalte anzusprechen, um die „obere" Leistungsgrenze des Prüflings zu finden.

Übungen im Vorfeld des Kolloquiums: Sichern Sie Ihr Expertenwissen

Nutzen und sichern Sie Ihr Expertenwissen: Keiner der im Kolloquium anwesenden Personen hat sich dermaßen komplex mit Ihrem Präsentationsthema auseinandergesetzt, wie Sie, denn Sie sind der Experte! Es sollte Ihnen leicht fallen, Ihr Thema souverän zu präsentieren und im anschließenden Kolloquium sicher und eloquent Rede und Antwort zu stehen.

Trockenübungen im Vorfeld können allerdings nicht schaden:

- Überprüfen Sie Ihre Definitionen und Ihre Kenntnis der verwendeten Fachbegriffe und Fremdworte.
- Studieren Sie noch einmal Ihre Gliederung in ihrem logischen Aufbau.
- Stellen Sie zentrale Fragen, die in ihrer Präsentation beantwortet werden.
- Geben Sie kurz und wohl formuliert die Problemstellung Ihres Themas und mögliche Lösungen wieder.
- Gibt es zu Ihrer These denkbare Gegenthesen? Versuchen Sie diese zu bestätigen bzw. zu widerlegen.
- Überdenken Sie Ihre Präsentation: Können Sie den gewählten Medieneinsatz begründen?
- Vergegenwärtigen Sie sich mögliche Pannensituationen (Seite 17) und überlegen Sie eine angemessene Reaktion.

Verändert nach: Sigune Barsch-Gollnau et. al.: Erfolgreich lernen – kompetent handeln. Bamberg: Buchner 2004, S. 100

Mögliche Fragestellungen der Prüfenden zum Expertenwissen

- Erklären Sie den Unterschied von Marginalsiedlungen und Slums (Präsentation S. 28 f)
- Nach Auffassung von Experten könnte der informelle Sektor entwicklungsfördernd genutzt werden. Wie ist ihre Meinung dazu? (Präsentation S. 28 f)
- In ihrer Präsentation haben Sie kurz auf Handlungsalternativen hingewiesen, um der Luftbelastung in Stuttgart zu begegnen. Sind Ihnen bei der Recherche noch weitere Lösungsmöglichkeiten begegnet? (Präsentation S. 30 f)
- Erläutern Sie den von Ihnen erwähnten Begriff „Inversionswetterlage" (Präsentation S. 30 f)
- Gibt es auch Nachteile fair gehandelter Produkte? Wenn ja, welche? (Präsentation S. 33 f)
- Reflektieren Sie die Quellenlage zu ihrem Thema.

Zum methodischen Vorgehen, zu möglichen Alternativen, zu Entscheidungen usw.

- Themeneingrenzung („Wie gelang Ihnen die thematische Eingrenzung?")
- Informationsbeschaffung („Wo haben Sie diese Grafik gefunden?")
- Bewertung der Information („Wieso erschien Ihnen dieses Beispiel wichtig?")
- Begründung für Gestaltungselemente („Hätte man dazu nicht ein Schaubild zeichnen können?" „Gab es Alternativen bei der Visualisierung Ihrer Präsentation?" „Nennen Sie Kriterien für die Medienauswahl bei Ihrer Präsentation")
- Zuhören und Argumentieren („Ist diese Beobachtung kein Widerspruch zu Ihrer Behauptung?")
- Selbstvertrauen und Kritikfähigkeit entwickeln („Sind Sie sicher, dass diese Begründung richtig ist?")

Zu weiteren Lehrplanthemen

- Wie müsste Ihrer Meinung nach eine sinnvolle Entwicklungshilfe aussehen? (Präsentation S. 28 f, 33 f)
- Nennen Sie drei Klassifizierungsversuche für die Einteilung von Entwicklungsländern und bewerten Sie diese. (Präsentation S. 28 f, 33 f)
- Sie haben sich im Unterricht mit dem Weltzuckerhandel beschäftigt. Erläutern Sie diesbezüglich kurz mögliche Interessenskonflikte im Welthandel. (Präsentation S. 33 f)
- Nennen Sie die Fakten, die den Zuckerpreis beeinflussen (S. 33 f)
- Ihre Einschätzung ist wichtig. Wie wird sich Ihrer Meinung nach der Weltzuckerpreis zukünftig entwickeln (S. 33 f)?
- Erklären Sie an einem Beispiel die Auswirkungen der menschlichen Eingriffe auf die natürlichen Geofaktoren im Ökosystem Stadt (Präsentation S. 30 f)
- Was versteht man unter einer „städtischen Wärmeinsel"? Definieren Sie den Begriff (S. 30 f).

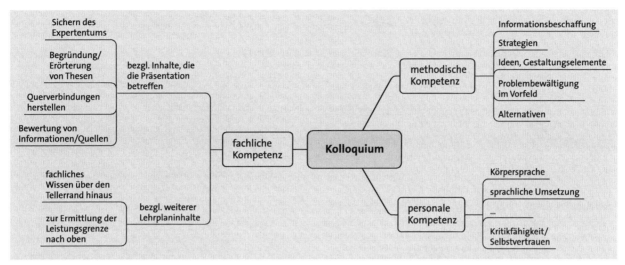

Prüfungsbereiche im Kolloquium

Und noch ein letzter Tipp mit auf den Weg:

1. Gehen Sie davon aus, dass die Prüfungskommission Ihnen grundsätzlich wohlwollend gesonnen ist: das beseitigt Ängste.

2. Wirken Sie gelassen, geben Sie sich freundlich und aufgeschlossen.

3. Schauen Sie dem Prüfer während des Prüfungsgespräches in die Augen.

4. Scheuen Sie sich nicht, Rückfragen zu stellen, wenn Sie eine Frage des Prüfers nicht verstanden haben.

5. Sprechen Sie langsam und mit Überzeugung.

6. Vermeiden Sie Ausreden, z.B. „Das lag mir eben noch auf der Zunge."

7. Verwenden Sie Fachvokabular; ein an der richtigen Stelle eingesetzter Fachbegriff erspart umständliche, oft ungenaue Umschreibungen.

8. Vermeiden Sie Übertreibungen; jeder nicht zu belegende Superlativ (z.B. „der weltweit größte Umweltskandal" oder das „ärmste Land der Welt") reizt zum Widerspruch.

9. Kommen Sie schnell zur Sache und reden Sie nicht „um den Brei herum"; das verrät nur Unkenntnisse und Unsicherheit.

10. Gliedern Sie ihre Ausführungen, z.B. „Soweit zum ersten Teil Ihrer Fragestellung, jetzt möchte ich den zweiten Teil beantworten".

11. Begründen Sie Ihr Urteil mit rationalen Argumenten; emotionale überzeugen in der Regel nicht.

12. Werden Bewertungen gefordert, nennen Sie Ihre Entscheidungskriterien; urteilen Sie differenziert.

13. Beginnen Sie keine Auseinandersetzung mit dem Prüfer über die sachliche Richtigkeit Ihrer Ausführungen.

14. Sie gehen in eine Abiturprüfung. Überlegen Sie, ob Sie diesem Ereignis nicht auch durch Kleidung und hinreichend gepflegtes Äußeres Tribut zollen sollten. Vielleicht fühlen Sie sich dadurch auch selbst positiv motiviert.

15. Pünktlichkeit ist oberstes Gebot!

7 Die mündliche Abiturprüfung – erfolgreich bestehen

Was wird in der mündlichen Prüfung verlangt?

„Grundlagen für die Konstruktion und Bewertung der mündlichen Abiturprüfung sind die Beschlüsse der Kultusministerkonferenz (‚Vereinbarung über die einheitlichen Prüfungsanforderungen in der Abiturprüfung') sowie die Richtlinien der einzelnen Bundesländer. Trotz z. T. unterschiedlicher Festlegungen in den Abiturprüfungsordnungen der Bundesländer, z. B. was die Inhaltsbereiche oder die Dauer der Prüfung anbetrifft, stimmen die Richtlinien in den Kernanforderungen weitgehend überein, sodass die nachfolgenden Ausführungen länderübergreifend verwendbar sind.

Nach den ministeriellen Vorgaben muss der Prüfling in der Abiturprüfung nachweisen, dass er grundlegende Kenntnisse und Einsichten in seinen Prüfungsfächern besitzt und selbstständig fachspezifische Denkweisen und Methoden anwenden kann. Konkret muss er in der Prüfung" folgende Kenntnisse und Kompetenzen nachweisen:

– „sicheres, geordnetes Wissen
– Vertrautheit mit der Arbeitsweise des Faches,
– Verständnis und Urteilsfähigkeit,
– selbstständiges Denken,
– Sinn für Zusammenhänge des Fachbereichs,
– Darstellungsvermögen.

Dementsprechend sind die Aufgaben in der mündlichen Abiturprüfung – wie in den schriftlichen Abiturklausuren auch – so angelegt, dass Ihnen einerseits Gelegenheit gegeben wird, Ihre im Unterricht erworbenen Kenntnisse in die Prüfung einzubringen. Andererseits dürfen die Aufgaben aber im Unterricht nicht so weit vorbereitet sein, dass ihre Lösung keine selbstständige Leistung mehr darstellt, also z. B. nur mehr die Reproduktion von Wissen erfordert.

Das klingt nicht nur anspruchsvoll, sondern das ist es auch. Aber keine Panik! Grundsätzlich wird von Ihnen in der mündlichen Prüfung nichts gänzlich Neues verlangt. In aller Regel sind die Prüfungsaufgaben so angelegt, dass Sie entweder an einem unbekannten Raumbeispiel oder anhand unbekannter Materialien bekannte, d. h. im Unterricht besprochene geographische Sachverhalte darzustellen haben." Sie sollen zeigen, dass Sie in der Lage sind, erworbene Kompetenzen und Erkenntnisse auf neue Sachverhalte, Strukturen oder Entwicklungen anzuwenden. Um dies zu gewährleisten, sind die Prüfungen nach bestimmten Vorgaben angelegt. Dies wird Ihnen die Vorbereitung ungemein erleichtern – vorausgesetzt Sie überlassen das Abschneiden in der Prüfung nicht dem Zufall, indem Sie sich auf den – leider hin und wieder vertretenen – bequemen Standpunkt zurückziehen, eine zeitaufwändige Vorlaufphase könne man sich ersparen, da ein gezieltes Üben ohnehin nicht möglich sei. Die folgenden Tipps aus der Praxis beweisen das Gegenteil.

Martin Ebner, Arno Kreus: TERRA Klausur- und Abiturtraining S II. Stuttgart-Leipzig: Klett 2007, S. 42, ergänzt

Prüfungsvorbereitung – alles wie vernagelt?

In den meisten Bundesländern besteht das mündliche Abitur nach wie vor aus einem Prüfungsgespräch. Auch in Baden-Württemberg – wo die Präsentationsprüfung mit Kolloquium im Mittelpunkt steht – haben die Schülerinnen und Schüler nach wie vor die Möglichkeit, sich zu dieser traditionellen Form des Examens anzumelden. Eine systematische Vorbereitung hilft, auch diese Hürde erfolgreich zu meistern. Das vorliegende Kapitel bietet eine Übersicht über die wichtigsten Rahmenbedingungen für die mündliche Abiturprüfung. Vor allem aber verrät es Ihnen einige Tipps und Tricks, wie Sie sich gezielt auf das Prüfungsgespräch vorbereiten und mit welcher Strategie Sie die Examenssituation bewältigen können.

Wie ist die mündliche Abiturprüfung aufgebaut?

Ihr Fachlehrer wird Sie rechtzeitig im Unterricht über den Ablauf und die Modalitäten der mündlichen Prüfung informieren. Verschaffen Sie sich einen genauen Überblick, indem Sie hartnäckig nach allem fragen, was Sie persönlich für wichtig halten. Diese Klärung der Rahmenbedingungen und Formalitäten gibt Ihnen Sicherheit, Ruhe und Gelassenheit – und Sie vermeiden unliebsame Überraschungen.

Die Vorgaben für die Prüfungszeit sind von Bundesland zu Bundesland verschieden. Im Durchschnitt beträgt sie 20 bis 30 Minuten. Etwa gleich lang ist die Vorbereitungszeit angesetzt. Die Prüfung selbst gliedert sich in drei Teile.

Vorbereitungsphase. Im ersten Teil der Prüfung erhalten Sie eine schriftlich verfasste Aufgabe. Gemäß den „Einheitlichen Prüfungsanforderungen" der Kultusministerkonferenz soll die Prüfungsaufgabe von der Interpretation eines konkreten

Materials ausgehen. Dies kann eine thematische Karte (u. U. auch eine Atlaskarte) sein oder eine Kombination von Karte und Text. Es können aber auch Tabellen, Diagramme oder Bilder vorgelegt werden. Ähnlich der Aufgabenstellung in den Klausuren oder im schriftlichen Abitur werden sich die ersten Arbeitsanweisungen zunächst auf die Auswertung des vorgelegten Materials beziehen. Dabei sollten bereits alle drei Anforderungsebenen – also Reproduktion, Reorganisation und Reflexion – angesprochen werden. Die Fachlehrer sind gehalten, den Umfang und den Arbeitsaufwand so zu begrenzen, dass das Material innerhalb der Vorbereitungszeit gründlich und ohne Hektik ausgewertet werden kann.

Vortrag. Die während der Vorbereitungszeit erarbeiteten Ergebnisse stellen Sie zu Beginn der eigentlichen Prüfung in einem zusammenhängenden Vortrag dar. Hierbei sollten Sie weder von Ihrem Fachlehrer noch vom Prüfer unterbrochen werden – Sie haben also zunächst einmal „alle Zügel in der Hand." Das bedeutet, dass Sie sich insbesondere auf diesen Teil der Prüfung ganz gezielt – inhaltlich und methodisch – vorbereiten können.

Prüfungsgespräch. Nach Abschluss Ihres Vortrags werden nun die Prüfer auf einzelne Ihrer Aussagen zurückkommen, eventuelle Ungenauigkeiten klären, um Stellungnahmen bitten, inhaltliche Vertiefungen oder fachliche Zusammenhänge ansprechen. Dieser Teil verlangt mehr Spontaneität, vor allem die Fähigkeit, auf die Denkanstöße aus der Prüfungskommission einzugehen und deren Impulse eigenständig fortzuführen. Auch hier sollten Sie versuchen, das Prüfungsgespräch zumindest ansatzweise mit zu steuern. Im Folgenden erhalten Sie hierzu einige Tipps.

Wie kann ich mich auf die mündliche Prüfung vorbereiten?

Arbeiten Sie Ihre Unterrichtsmaterialien (Schulbuch, Mitschriebe, Arbeitsblätter, Portfolio) noch einmal gründlich durch. Einige Inhalte müssen einfach „gepaukt" werden. Achten Sie in dieser Phase besonders auf den korrekten Gebrauch der Fachausdrücke, benutzen Sie hierzu auch das Glossar im Schulbuch.

Bilden Sie dann sinnvolle zeitliche Lerneinheiten, mit denen Sie die für die Prüfung vorgesehenen Lehrplaninhalte abdecken. Arbeiten Sie diese Einheiten nach dem folgenden Schema mithilfe der angegeben Tipps durch, wobei Sie immer wieder längere Ruhe- und Erholungsphasen einlegen sollten.

Vorüberlegung bei jedem Themenkomplex (einzeln, im Zweier-Team, in einer Kleingruppe):
- Was wird an Fakten erwartet?
- Was muss unbedingt erläutert werden?
- Welche Fachbegriffe sind hierfür erforderlich? Wie sind die definiert?

Entwurf einer Mindmap zum ausgewählten Themenkomplex:
- überlegen und notieren Sie Stichworte,
- ordnen Sie diese Stichworte grafisch an,
- stellen Sie Verknüpfungen her,

- bauen Sie „Andockstellen" zu benachbarten Themenbereichen ein, zu denen Sie im Prüfungsgespräch gefragt werden möchten,

Halten eines 10-minütigen Probevortrags
- gestalten Sie auf der Grundlage der Mindmap eine strukturierte Präsentation,
- wählen Sie gezielt einen Adressaten (Team-, Familienmitglied, Freunde) für eine konstruktive Rückmeldung,
- geben Sie deutliche Hinweise auf die in der Mindmap festgehaltenen „Andockstellen" (um somit bei einer mündlichen Prüfung entsprechende Nachfragen zu provozieren),

Durchführung einer Prüfungssimulation:
- spielen Sie im Team ein etwa 10-minütiges Prüfungsgespräch durch,
- bitten Sie einen „neutralen" Protokollanten um ein „feedback",
- diskutieren Sie das Prüfungsergebnis im Team.

Wie nutze ich die „Vorbereitungszeit" im ersten Teil der Prüfung?

In den Klausuren haben Sie bereits ausgiebig geübt, wie Sie taktisch richtig an die Bearbeitung der gestellten Aufgaben herangehen. Diese Erfahrungen können Sie uneingeschränkt auf die mündliche Prüfung bzw. auf die Bearbeitung der Materialien anwenden. Zunächst gilt es, die Arbeitsaufträge zu erfassen, die in der Regel mithilfe der Ihnen aus den Klausuren bekannten Operatoren formuliert sind. Sie gehen also mit einem klaren Arbeitsauftrag an die Materialien heran. Wenden Sie nun die fachspezifischen Methoden an, die Sie seit der Klasse 5 eingeübt haben – es kann eigentlich nichts schief gehen.

Die Kürze der Vorbereitungszeit (je nach Vorgaben 20 bis 30 Minuten) erlaubt es Ihnen nicht, die Ergebnisse Ihrer Materialauswertung ausführlich auszuformulieren. Das würde Ihnen ohnehin kaum etwas nützen, denn im Prüfungsraum müssen Sie Ihren Vortrag in freier Rede gestalten. Erlaubt sind aber Stichwortzettel, mit deren Hilfe Sie Ihre Präsentation strukturieren können.

Ihre Stichworte können Sie auf den im Vorbereitungsraum ausliegenden DIN-A4-Blättern notieren, Sie können aber auch – nach Absprache und entsprechender Kontrolle – kleine Kärtchen (ungefähr in DIN-A6-Größe) mitbringen. Das hat den Vorteil,
- dass Sie während der Materialauswertung einzelne Stichworte bzw. Gedankengänge (in Kurzform) jeweils auf einem gesonderten Kärtchen notieren und
- neue Ideen auf weiteren Kärtchen hinzufügen können,
- um das Ganze dann vor sich auf dem Tisch auszubreiten und in einer möglichst eindrucksvollen Reihenfolge für den Vortrag anzuordnen,
- wobei Sie die Kärtchen gesondert kennzeichnen, auf denen Sie den Prüfern „Andockstellen" für spätere Nachfragen (siehe oben) anbieten wollen.

Wie lässt sich die Vorbereitungszeit möglichst effektiv einteilen? Hier gilt die Faustformel, dass Sie über die Hälfte der Zeit zur Verfügung haben, um die Aufgabenstellung und das Material sorgfältig durchzulesen, Schlüsselbegriffe zu markieren oder zu unterstreichen, ggf. auch eine Mindmap zu erstellen. Etwa 20 Prozent der kostbaren Minuten sollten Sie einplanen, um Stichworte für den Vortrag zu notieren. Den Rest Ihres Zeitbudgets benötigen Sie, um die Kärtchen mit den Stichworten zu ordnen bzw. um den Vortrag im Geiste kurz durchzugehen. Sie wissen bereits, dass Sie „als Redner niemals eine zweite Chance" haben und „dass der letzte Eindruck vom Redner auf jeden Fall haften bleibt" – daher empfiehlt es sich, dass Sie auf Ihren Kärtchen den ersten Satz möglichst als pfiffigen, kreativen Einstieg und den letzten Satz als wirkungsvolle Schlusspointe vollständig ausformulieren.

Mit welcher Strategie gehe ich in das Prüfungsgespräch?

Gut vorbereitet und entsprechend locker marschieren Sie nun in den Prüfungsraum, begrüßen die Prüfungskommission und gestalten anhand der vorbereiteten Hilfsmittel (DIN-A4-Blatt, Kärtchen, Mindmap) Ihren Vortrag mit Einstieg und Schlusspointe. Sie können u. U. auch die Tafel für knappe Skizzen benutzen, aber beachten Sie immer, dass auch die Prüfungszeit knapp bemessen ist. Die müssen Sie effektiv nutzen, um auf eindrucksvolle Weise möglichst viele Ihrer Auswertungsergebnisse vorzustellen. Geben Sie Ihren Prüfern Hinweise für mögliches Nach- und Weiterfragen („Hier wäre noch ein interessanter Punkt, auf den ich aber in der Kürze der Zeit jetzt nicht eingehen kann"). Gute Prüfer werden auf diese „Andockstellen" im Prüfungsgespräch ganz sicher zurückkommen.

Tipps zur Argumentationstechnik

„Angriffstechnik"
- bestreiten: „Sie haben darauf hingewiesen, dass...", „Dabei wird aber übersehen ..."
- vorfragen: „Habe ich Sie richtig verstanden, dass Sie der Meinung sind, dass...? Dann erlauben Sie, dass ich Ihnen entgegne, dass..."
- vorweg nehmen: „Sie werden vermutlich einwenden, dass..."

„Verteidigungstechnik"
- relativieren: „Das kann man auch anders sehen..."
- marginalisieren: „Sie weisen auf zwei wichtige Aspekte hin. Übersehen wird aber, dass..."
- einschränken und ausweichen: „Lassen Sie mich zu diesem Punkt etwas Grundsätzliches sagen..."
- Zeit gewinnen: „Sehen wir uns doch einmal die Sache genauer an..."

Beispiel einer Prüfungsaufgabe mit Lösungshinweisen

Auf der nebenstehenden Seite (S. 45) finden Sie den Baustein für eine Prüfungsaufgabe zum Thema „Neue Formen der Wirtschaft sowie moderne Produktionskonzepte und deren Raumwirksamkeit". Das Arbeitsblatt bietet zwei verschiedenartigen Materialien, eine Grafik und einen Text. Diese sind auf den Anforderungsebenen der Reproduktion (Aufgabe 1), Reorganisation (Aufgabe 2 und 3) sowie Reflexion (Aufgabe 4) zu bearbeiten.

Im Folgenden erhalten Sie – in Form einer Sammlung von Stichworten bzw. Gedankengängen – Hinweise für eine Auswertung.

Aufgabe 1:
- zeitlich begrenzter Zusammenschluss selbstständiger Unternehmen
- Übernahme unterschiedlicher Funktionen
- Nutzung spezifischer Vorteile der einzelnen Spezialunternehmen
- Angebot einer umfassenden Lösung für den Kunden
- schnelle, kostengünstige Auftragsabwicklung
- dynamischer, dezentraler Produktionsverbund

(„Andockstelle": weitere Produktionskonzepte der „inneren und äußeren Flexibilisierung")

Aufgabe 2:
- modernste Kommunikationstechnologien, E-Business
- hoch entwickelte Logistiksysteme
- sehr gut ausgebaute Infrastruktur
- mobile, hoch qualifizierte, teamfähige Arbeitskräfte

(„Andockstelle": Logistikkonzept „Just in Time")

Aufgabe 3:
- Standorttheorie von A. Weber – Transportkosten ausschlaggebend (Transportkostenminimalpunkt)
- Virtuelles Unternehmen – Vielzahl von Standortfaktoren ausschlaggebend, z. B. modernste Telekommunikationssysteme

(„Andockstelle": Standortfaktoren)

Aufgabe 4
- Bindung an einen bestimmten Standort nicht zwingend
- regionale, auch weltweite Ausnutzung von Standortvorteilen durch Einzelunternehmen
- weltweite Produktion „rund um die Uhr" möglich
- trotzdem gewisse Bedeutung der räumlichen Nähe („face-to-face"-Kontakte" im Netzwerk)

(„Andockstelle": weltweite Investitionen v. a. durch „Global Player" – Darstellung und Bewertung von deren Aktivitäten)

Prüfungsaufgabe

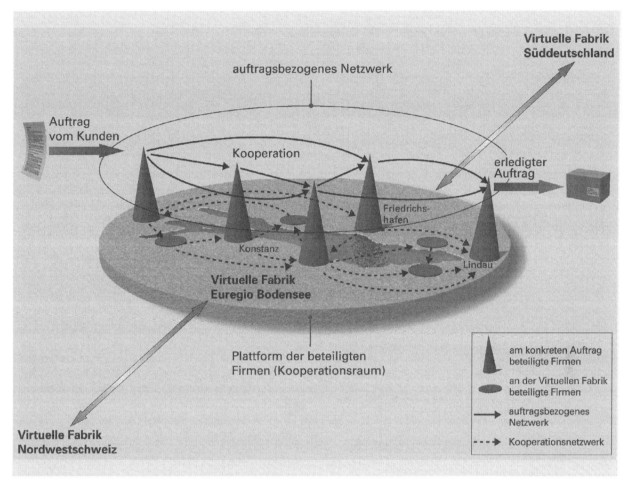

Virtuelles Unternehmen – Beispiel Virtuelle Fabrik Bodensee
Hans-Ulrich Bender u.a.: Fundamente. Gotha und Stuttgart: Klett-Perthes 2001. S. 217

„Ein Beispiel ist ... die ‚Virtuelle Fabrik Bodensee', ein Pilotprojekt, zu dem sich seit 1998 insgesamt 50 Firmen zusammengeschlossen haben. Es sind Unternehmen unterschiedlicher Größe und unterschiedlicher Ausrichtung bei Dienstleistung und Produktion, mit Schwerpunkten bei Konstruktion, Design, Logistik oder Beratung, in unterschiedlichen Branchen mit jeweils unterschiedlicher Kompetenz. Sie haben sich auf gemeinsame Spielregeln geeinigt – wobei die räumliche Nähe doch wieder eine Rolle spielt, weil persönliche Kontakte die Voraussetzung für das Vertrauensverhältnis waren ...
In der Kooperationsplattform ist die Zusammenarbeit zwischen den Partnern nach festen, vorab akzeptierten Regeln organisiert. Dies ermöglicht rasches und flexibles Handeln. Der starke Innovationsdruck, der heute auf allen Unternehmen lastet und hohen finanziellen Einsatz erfordert, ist von kleineren Unternehmen durch die Zusammenarbeit in der Plattform besser zu tragen, da das Know-how der Partner genutzt werden kann und Entwicklungen schneller und billiger realisiert werden können. Die Zusammenarbeit ermöglicht es, dem Kunden gegenüber mit einer umfassenden Lösung aufzutreten ...“
Hans-Ulrich Bender u.a.: Fundamente. Gotha und Stuttgart: Klett-Perthes 2001. S. 216

1 Charakterisieren Sie anhand der Grafik oben Aufbau und Funktionsweise eines „Virtuellen Unternehmens“.
2 Stellen Sie wesentliche Voraussetzungen eines solchen Produktionskonzeptes dar.
3 Vergleichen Sie die für eine „Virtuelle Fabrik“ ausschlaggebenden Standortfaktoren mit der Standorttheorie von Alfred Weber.
4 Erörtern Sie die Frage, ob bzw. inwieweit für ein „Virtuelles Unternehmen“ die Bindung an einen bestimmten Standort aufgehoben ist.

8 Anhang: Die Präsentationsprüfung – die besondere Situation in Baden-Württemberg

Die baden-württembergische Abiturprüfung weist im Vergleich zu anderen Bundesländern als Besonderheit die Präsentationsprüfung auf. Dabei handelt es sich um eine vom Schüler vorbereitete Präsentation mit anschließendem Kolloquium (Prüfungsgespräch).

Vorgaben und Hinweise für die Präsentationsprüfung
„Ziele und Inhalte
Die Prüflinge sollen neben fachlichem Wissen auch ihre Fähigkeit nachweisen, dieses angemessen darzustellen. Sie erhalten Gelegenheit, die Ergebnisse ihrer selbstständigen Recherche und die Fähigkeit zur Aufbereitung von Materialien ebenso demonstrieren zu können wie die Fähigkeit zur Problemlösung. In der Prüfung sollen sowohl fachliche Leistung und Transferfähigkeit als auch Kommunikationsfähigkeit und Methodenkompetenz unter Beweis gestellt werden. Die Prüfung bezieht sich auf alle Themen des jeweiligen Lehrplans einschließlich der Wahlthemen bzw. Module.

[....] swStruktur
Für das mündliche Prüfungsfach legen die Schüler spätestens zwei Wochen vor der Prüfung vier Themen im Einvernehmen mit der Fachlehrkraft schriftlich vor. Der Leiter des Fachausschusses wählt eines dieser Themen als Prüfungsthema. Diese Entscheidung wird den Schülern etwa eine Woche vor der mündlichen Prüfung mitgeteilt. Die in Absprache mit dem Prüfling zu bearbeitenden Prüfungsthemen sollen so formuliert sein, dass Raum für eine selbstständige Bearbeitung bleibt.
Sie sind klar definiert, dem zeitlichen Rahmen der Vorbereitung angemessen und so offen wie möglich formuliert.
Die Prüfung im mündlichen Prüfungsfach wird in der Regel als Einzelprüfung durchgeführt und dauert etwa 20 Minuten je Prüfungsfach und Prüfling; wird die Form der Gruppenprüfung gewählt, so ist durch Begrenzung der Gruppengröße und der Themenstellung sicherzustellen, dass die individuelle Leistung eindeutig erkennbar ist. In einer Gruppenprüfung muss jedem Schüler die gleiche Zeit für die selbstständige Präsentation zur Verfügung stehen wie bei Einzelprüfungen, d.h. ca. zehn Minuten. Der Charakter der Gruppenprüfung bringt es mit sich, dass im anschließenden Prüfungsgespräch nicht notwendigerweise jeder Prüfling jeweils exakt weitere zehn Minuten geprüft wird. Die Prüfung beginnt mit einer vom Prüfling vorbereiteten Präsentation seiner Arbeitsergebnisse. Sie dauert etwa zehn Minuten. Das anschließende Prüfungsgespräch soll den Charakter eines Kolloquiums haben und sich im Wesentlichen mit den präsentierten Inhalten und ihrem unmittelbaren Umfeld beschäftigen. Möglich sind beispielsweise Rückfragen, vertiefende und problematisierende Fragen, anwendungsbezogene Weiterführungen sowie ggf. eine Diskussion über die angewandten Methoden. Die Prüfung bezieht sich auch auf weitere Themen des jeweiligen Fachlehrplans. Ihre Intention besteht nicht im kleinschrittigen Abfragen weiterer Lehrplaninhalte, sondern in einer kontextbezogenen Ausweitung. Der Leiter des Fachausschusses bestimmt den Gang der Prüfung und kann selbst prüfen."

Kultusministerium Baden-Württemberg Abiturprüfung 2010 /36-6615.31-2010/4

Antworten auf zehn häufig gestellte Fragen zur Durchführung der Präsentationsprüfung aus der Sicht eines Schülers
1. Können mehrere Schüler die gleichen Prüfungsthemen vorschlagen? Können wir uns gemeinsam auf die Prüfung vorbereiten? Können wir gegebenenfalls auch über das gleiche Thema geprüft werden?
Die „Notengebungsverordnung" sieht zu diesen Fragen keine Einschränkungen vor. Allerdings gibt es den Hinweis, dass die Zahl der unterschiedlichen Themen mindestens genauso groß sein muss wie die Zahl der Prüflinge: bei vier Prüfungskandidaten müssen also vier unterschiedliche Themen vorliegen. Natürlich können zwei oder mehrere Schüler auch über das gleiche Thema geprüft werden, wenn sie eines von den vier Themen gleich formuliert haben. Selbstverständlich wird die Prüfungskommission im Kolloquium durch geeignete Fragen versuchen herauszufinden, ob die Präsentation selbständig angefertigt wurde und die präsentierten Inhalte auch verstanden werden.

2. Kann ein Prüfungsthema gewählt werden, das bereits als gleichwertige Feststellung von Schülerleistungen („GFS") in die Bewertung eines Kurshalbjahres eingegangen ist?
Da Sie Ihre Themen aus dem Lehrplan entnehmen müssen, ist es wahrscheinlich, dass einige Themen bereits im Unterricht oder gar als GFS, möglicherweise gar von Ihnen selbst bearbeitet worden sind. Dann darf Ihre Präsentation aber keine Reproduktion und Wiederholung sein, d.h. Sie dürfen nicht einfach eine Unterrichtsstunde wiederholen oder Ihre GFS erneut halten. Es ist aber möglich, dass Sie einen besonderen Aspekt Ihrer GFS vertiefen: Sie stellen dazu wiederum Recherchen an und gestalten eine neue Präsentation.

3. Müssen meine vier vorgeschlagenen Prüfungsthemen aus mehr als einer Lehrplaneinheit stammen? Muss ich den gesamten Inhalt der beiden Kurshalbjahre berücksichtigen?

Jedes der vier vom Schüler gewählten Themen muss sich eindeutig von den anderen Themen unterscheiden. Die vier vom Schüler vorgeschlagenen Themen dürfen also nicht nur die Variation eines Grundthemas sein. Die Prüfungsordnung schreibt nicht vor, dass die vier Themen aus vier verschiedenen Lehrplaneinheiten stammen müssen und damit durch die Themen der gesamte Inhalt der beiden Kurshalbjahre berücksichtigt werden muss. Allerdings muss jedes Thema einen eindeutigen Bezug zum Lehrplan haben.

Damit haben Sie bei der Themenwahl genügend Möglichkeiten zur Gestaltung Ihrer Präsentation. Achten Sie aber bitte bei der Themenwahl darauf, dass Sie das Thema innerhalb einer Woche bearbeiten können.

4. Muss ich bei der Abgabe der vier Prüfungsthemen eine Grobgliederung abgeben?

Es nicht vorgesehen, dass Ihr Kurslehrer neben dem Thema eine Grobgliederung an den Vorsitzenden der Prüfungskommission weitergibt. Andererseits ist es natürlich sinnvoll, wenn Sie sich bereits bei der Formulierung Ihrer Prüfungsthemen darüber Gedanken machen, was Sie präsentieren wollen und wie die Struktur Ihrer Präsentation aussehen könnte. Seien Sie deshalb nicht verärgert, wenn Ihr Fachlehrer eine Grobgliederung von Ihnen fordert.

5. Muss ich zur Prüfung eine schriftliche Ausarbeitung oder Feingliederung mitbringen?

Die Präsentationsprüfung ist eine Form der mündlichen Prüfung. Aus diesem Grund ist es auch nicht vorgesehen, dass Sie für die Prüfungskommission eine Ausarbeitung oder Feingliederung mitbringen. Es kann allerdings sinnvoll sein, die Gliederung Ihrer Präsentation auf irgendeine Art und Weise zu visualisieren, sodass der Zuhörer immer weiß, welchen Teil Ihrer Fragestellung Sie im Augenblick bearbeiten. Dies kann in gedruckter Form erfolgen. Sie können dies aber auch in eine PowerPoint-Präsentation einbauen oder als Gliederung auf einem Plakat verdeutlichen.

6. Ist ein Quellenverzeichnis notwendig?

Nein – aber: Sie müssen selbstverständlich die in Ihrer Präsentation verwendeten Quellen richtig zitieren(z. B. entweder direkt unter dem Zitat bzw. der Abbildung oder als Fußnote auf der jeweiligen Folienseite) und diejenigen Hilfsmittel angeben, die Sie beim Erstellen Ihrer Präsentation verwendet haben. Dies kann auf einer Folie am Ende der Präsentation, als Hinweisblatt auf einem Poster oder in Form eines gedruckten Quellenverzeichnisses erfolgen.

7. Muss ich meine Präsentation mit PowerPoint halten? Benötige ich Bilder?

Im Fach Geographie ist es sicherlich sinnvoll, wenn Sie Ihre Präsentation medienunterstützt halten. Mit Luftbildern, Abbildungen, Diagrammen, Tabellen, Wirkungsgefügen oder auch Versuchen können Sie Ihre Aussagen anschaulicher gestalten. Natürlich muss es keine PowerPoint-Präsentation sein. Wählen Sie das Präsentationsmedium, welches am besten zu Ihnen passt: Tischvorlage (ausgedruckte DIN-A4-Blätter), Folien, Flipchart, Präsentationssoftware wie PowerPoint oder Wandtafel. Prüfen Sie also rechtzeitig, ob die von Ihnen vorgestellten Inhalte mit dem von Ihnen ausgewählten Medium auch wirklich am besten dargestellt werden können. Denken Sie auch daran, sich auf eines oder wenige Präsentationsmedien zu beschränken. Je größer die Vielfalt der eingesetzten Medien, desto größer ist das Risiko von Schwierigkeiten. Berücksichtigen Sie bitte bei der Vorbereitung Ihrer Präsentation auch die in der Schule zur Verfügung stehenden Präsentationsmedien.

8. Welche Medien müssen Schulen bereithalten? Darf ich mein eigenes Notebook mitbringen?

Die Schule wird für Ihre Präsentation genau die Medien zur Verfügung halten, mit denen Sie in der Schule gearbeitet haben. Geben Sie bei der Abgabe Ihrer Themenvorschläge bei jedem Thema das benötigte Präsentationsmedium an. Die Verwendung des eigenen Notebooks kann zu Schwierigkeiten führen: Anschluss des Beamers, möglicher Defekt des Notebooks ... Wenn es möglich ist, stellen Sie Ihre Präsentation ins Schulnetz. Sie können selbstverständlich Ihre Präsentation auch auf einem USB-Stick oder einer CD mitbringen. Denken Sie aber daran, zur Sicherheit Materialien mitzubringen, um die Präsentation notfalls auch ohne elektronische Unterstützung halten zu können. Sinnvoll ist es auf jeden Fall, sich am Tag vor der Prüfung nochmals mit der Technik vertraut zu machen.

9. Wie kann bei einer Gruppenprüfung meine Individualnote ermittelt werden?

Die Prüfungskommission wird darauf achten, dass jedes Gruppenmitglied in gleichem Umfang Zeit zur Präsentation und im Kolloquium bekommt. So kann jeder Schüler seinen Themenbereich vertreten. Ausgehend von diesen Leistungen wird dann die Note ermittelt.

10. Wie setzt sich die Gesamtnote der Präsentationsprüfung zusammen?

Die Prüfungsnote bewertet Ihre Gesamtleistung. Dabei werden fachliche und überfachliche Aspekte, z. B. Medien- und Kommunikationskompetenz berücksichtigt. Es findet keine Addition von Teilnoten einzelner Bereiche statt. Entscheidend ist die Fachkompetenz: eine nicht ausreichende fachliche Leistung kann nicht durch überragende Methodenkompetenz zu einer guten oder besseren Gesamtnote führen.

Zusammengestellt nach: Günter Trenz: 15 Antworten auf häufig gestellte Fragen zur Durchführung der neuen mündlichen Abiturprüfung ab 2004, Schulverwaltung BW Nr. 3/2004, S. 52 f

Organisation der mündlichen Abiturprüfung: Vorbereitete Präsentation mit Prüfungsgespräch

Zeitpunkt	Maßnahme	Beteiligte	zu beachten
Während des gesamten Unterrichts in der Kursstufe	– Bewertung von Präsentationen – Gewichtung von: → Recherche → Inhalten → Visualisierung → Körpersprache / Rhetorik → Reflexion	Gesamter Kurs	Bewertungsschema
	Trainieren von Präsentationen, z. B.: – Hausaufgaben – Zusammenfassung der vorangegangenen Stunde – Ergebnisse von Einzel- und Gruppenarbeit	Gesamter Kurs	Trainieren von verschiedenen Präsentationsformen und Präsentationsmedien
Bereits zu Beginn des letzten Kurshalbjahres im Fach Geographie: Vorbereitung der Prüfung			
3 Monate vor der mündlichen Prüfung Mein Datum:	Themenvorschläge erarbeiten (Pro Schüler müssen 4 Themen vorgeschlagen werden!) Absprache mit dem Kurslehrer über die Prüfungsthemen	Prüflinge Lehrer	– Alle Themen des Lehrplans einschließlich der Wahlmodule – Gruppenpräsentation möglich
1 Monat vor der mündlichen Prüfung Mein Datum:	Festlegen von vier Themen Grobe Ausarbeitung der Themen durch den Schüler	Schüler Lehrer	– Materiallage – Einzel- oder Gruppenprüfung – Präsentationsmedium: Absprache über Nutzung von Präsentationsmedien in der Schule
2 Wochen vor der mündlichen Prüfung Mein Datum:	Abgabe der 4 Prüfungsthemen beim Kurslehrer Vorlage der 4 Themen beim Prüfungsvorsitzenden durch die Schule	Lehrer Schüler Prüfungsvorsitzender	
1 Woche vor der mündlichen Prüfung Mein Datum:	Festlegung des Prüfungsthemas durch den Prüfungsvorsitzenden Bekanntgabe des Prüfungsthemas	Prüfungsvorsitzender Lehrer Schüler	
1 Woche vor der mündlichen Prüfung Mein Datum:	Vorbereitung der Prüfung durch den Schüler	Schüler Lehrer (nur technische Unterstützung)	– Fertigstellen und Üben der Präsentation – Präsentationsmedien überprüfen
Prüfung			

Prüfung **Einzelprüfung**	Dauer: 20 Minuten:
	– 10 Minuten Präsentation
	– 10 Minuten Prüfungsgespräch
			– Prüfungsgespräch:
			– Wesentliche Inhalte der Präsentation und ihres Umfeldes:
			  – Rückfragen, vertiefende Fragen, Weiterführungen
			  – Diskussion über Methoden

Prüfung: **Gruppenprüfung**	– Jeweils 10 Min. Präsentation jedes Schülers – Etwa 10 Min. Prüfungsgespräch für jeden Schüler		s.o. individuelle Leistung muss erkennbar sein